DANA SCHWANDT
STEPHANIE SCHNICKE

Ichgold

EASY DETOX mit AYURVEDA

In einer Woche zu mehr
Energie und Leichtigkeit

Inhalt

EXTRAS ZUM DOWNLOAD

Zu diesem Buch haben wir noch ein Geschenk für Dich! Um Dir die Planung und Durchführung Deines Detox noch einfacher zu machen, haben wir ein paar Extras als Ergänzung vorbereitet:

- Wochenplaner für Deine Detox-Woche
- Einkaufslisten für die verschiedenen Detox-Arten
- Eine Meditation, um Dich mit Deinem Detox-Ziel und Warum zu verbinden

Gehe auf www.ichgold.de/easydetox-extras oder den QR-Code und lade Dir die Extras kostenlos herunter.

Zeit zu detoxen!

Detox ist seit Jahren auf dem Vormarsch und total hip. – Und es gibt tausend verschiedene Möglichkeiten, wie Du detoxen kannst. Vielleicht hast Du die eine oder andere Detox-Art sogar schon mal ausprobiert. Grob gesagt gibt es klassische Varianten, wie Fasten-Wandergruppen oder FX-Mayr-Kuren. Außerdem gibt es moderne Varianten, wie beispielsweise den ultimativen 3-Tages-Juice-Cleanse mit fertigen Säften, oder aber die traditionellen ayurvedischen Panchakarma-Kuren. Viele dieser Varianten haben Vorteile, aber auch ein paar Nachteile.

Aus dieser Erkenntnis heraus entstand die Idee zu diesem Buch: Unsere Absicht ist es, altes Wissen einfach zu vermitteln und so zu verpacken, dass es auch für moderne Menschen mit vollgepacktem Alltag leicht verdaulich und gut umsetzbar ist. Aber ohne dabei die Substanz und die tiefer liegenden Absichten zu verwässern. Und so war es für uns die logische Konsequenz, nach „Dein Neuanfang mit Ayurveda" und „Easy Ayurveda – das Kochbuch" auch das Thema Detox, das uns persönlich ohnehin schon seit Jahren begleitet, auf unsere Art für Dich zu Papier zu bringen. Denn das Wichtigste beim Detoxen ist: Es muss perfekt zu Dir, Deiner individuellen Situation und Deinen Zielen passen.

SO MACHST DU DEINEN DETOX INDIVIDUELL

Und here we go – da sind wir nun. Du hältst die einzigartige, individuellste Detox-Anleitung für zu Hause in den Händen, die Du finden kannst. Egal ob Newbie oder Profi, egal welcher Verdauungstyp, egal wie Deine aktuelle Lebenslage gerade ist: In diesem Buch findest Du nicht nur vielfältige Detox-Arten für unterschiedliche Levels und individuelle Bedürfnisse, sondern alles in einfach integrierbare Pakete geschnürt für die Umsetzung in exakt einer Woche. Natürlich kannst Du mit weniger Tagen oder in ganz kleinen Schritten starten, auch dazu findest Du Infos. Aber um wirklich zu profitieren, empfehlen wir, dass Du Dir eine Woche für den Detox nimmst. Zusätzlich haben wir die einfachsten und extraleckeren Detox-Gerichte für Dich zusammengestellt, um Dir das Entschlacken genussvoll zu gestalten. Von traditionell ayurvedisch bis hin zum ayurvedisierten Smoothie findest Du alles.

Unter all den Dingen, die wir beide über die Jahre in unseren diversen Ausbildungen über Ayurveda gelernt haben, gehört Detox zu einem unserer gemeinsamen Lieblingsthemen. Und das, obwohl wir uns dieser Leidenschaft auf ganz unterschiedliche Weise genähert haben: Stephie ist seit 2013 regelmäßig auf Panchakarma-Kuren (dem ayurvedischen Rundum-sorglos-Detox-Paket) und tastet sich erst in den letzten Jahren an den Detox zu Hause ran. Dana macht seit Jahren zweimal im Jahr einen

„Home Detox“ und hat erst vor Kurzem ihre erste Panchakarma-Kur-Erfahrung gemacht. Jetzt ist es so weit: Wir haben unser professionelles Wissen mit all den Jahren Selbsterfahrung, Experimentieren und Arbeiten mit unseren Kursteilnehmern, die wir mittlerweile auf dem Buckel haben, vereint und auf die Seiten dieses Buches gegossen. Alles mit der Absicht, Dir den Einstieg in die Detox-Welt zu erleichtern und Dich auf Deinem Detox-Weg zu unterstützen.

Eine Kleinigkeit noch ... eigentlich das Wichtigste, was Du wissen musst für den Detox: Achte darauf, unterwegs nicht komisch zu werden. Du kannst nicht viel falsch machen, und wir haben für alle Eventualitäten Anleitungen eingefügt. Du bist in guten Händen. Wir wünschen Dir eine gute Reinigung.

Let the Detox begin.

Dana und Stephie

AYURVEDA- UND DETOX-BASICS

Kurz gesagt ist Ayurveda das Wissen vom Leben – das Wissen, wie unser Körper als Teil der Natur funktioniert und wie wir uns das zunutze machen können für ein langes, glückliches und gesundes Leben. Die Verdauung spielt dabei eine Hauptrolle – und damit auch das Thema Detox.

Was Detoxen bedeutet
UND WIE ES DIR GUTTUT

Ein wichtiger Baustein in dem Wunsch, Krankheiten vorzubeugen und gleichzeitig unser Wohlbefinden zu fördern, ist ein regelmäßiger Detox. Das ist wie ein Frühjahrsputz für unseren Körper, inklusive Aktivierung der Selbstheilungskräfte und Wiederherstellung des natürlichen Gleichgewichts.

WARUM SOLLST DU ÜBERHAUPT DETOXEN?

Ayurveda setzt auf Vorbeugen. Und die beste Vorbeugung ist, wenn Du physisch und mental in Deiner natürlichen Balance bist. Detox wirkt wie ein Reset, nicht nur für unseren Körper, sondern auch für den Kopf und unsere Seele. Außerdem ist so eine „Grundreinigung" die optimale Möglichkeit, um ungesunde Gelüste, schlechte Gewohnheiten und Stress loszuwerden und Raum für Neues zu schaffen. Ein Eins-a-Stoffwechsel und eine top Verdauung sowie ein entspanntes mental-emotionales System sind laut Ayurveda die Grundlage unserer Gesundheit. Ayurveda betrachtet uns als Ganzes und nicht nur Teile von uns oder einzelne Symptome. Und es legt vor allem Wert darauf, Krankheiten durch stoffwechselgerechte Ernährung und einen gesunden Lebensstil im Alltag gar nicht erst auftreten zu lassen. Sind wir aus der Balance geraten oder gar krank, kann Ayurveda als ganzheitliches Medizinsystem natürlich auch heilen. Allerdings fußt es auf dem Bewusstsein, dass Vorbeugen immer besser und leichter ist, als im Nachhinein zu helfen, wenn das Kind schon in den Brunnen gefallen ist.

DEIN STOFFWECHSEL LEISTET IM ALLTAG SCHWERSTARBEIT

Im Ayurveda gehen wir davon aus, dass 95 Prozent der Krankheiten ihren Ursprung in einem Ungleichgewicht des Stoffwechsels haben. Durch stressige Phasen, Überarbeitung, zu wenig Schlaf, zu wenig Bewegung oder auch schlechte Ernährungsgewohnheiten, zum Beispiel zu viel oder unregelmäßig essen, Fertiggerichte, sich durch den Tag snacken, viel Zucker, Kaffee oder Alkohol, verlangen wir unserem Stoffwechsel im Alltag meist ganz schön viel ab. Eine Zeit lang kann er das relativ gut kompensieren. Aber irgendwann ist fertig kompensiert, unser Körper ist überlastet und es entstehen Schlacken und Abfallprodukte, ayurvedisch „Ama" genannt. So sammelt sich über die Zeit immer mehr Stoffwechseldreck an, und es entstehen typische Probleme wie Verdauungsbeschwerden, Müdigkeit, wenig Energie, Infektanfälligkeit, Allergie-Neigung, Hautprobleme, Übersäuerung. Dinge, von denen wir oft denken, sie wären normal. Haben ja alle. Machen wir einfach so weiter, ohne zu reinigen, und überlasten so unseren Stoffwechsel, kann es zu größeren Problemen, also schwerwiegenderen Krankheiten kommen. Dazu zählen zum Beispiel Migräne, Diabetes, Fettleber, Rheuma, Herz-Kreislauf-Erkrankungen oder Nervenerkrankungen wie Parkinson.

EIN DETOX BRINGT DEN STOFFWECHSEL WIEDER INS GLEICHGEWICHT

Regelmäßiges Putzen – also Detoxen – hilft unserem Körper dabei, sich zu reinigen, und hält ihn gesund. Wir befreien ihn dabei von Schlacken, Giften und altem Zellmüll. Unser Stoffwechsel kommt wieder ins Gleichgewicht, und siehe da, wir haben wieder mehr Energie und mehr Kraft, fühlen uns leichter und stabiler. Es hilft super bei den kleineren Zipperlein und beugt ernsthafteren Krankheiten vor, wirkt aber auch unterstützend, wenn schon eine Krankheit ausgebrochen ist.

Bei einem Detox veränderst Du Deine Ernährung und Deine Alltagsgewohnheiten für einen kurzen, begrenzten Zeitraum radikal. Das ist intensiv, stärkt aber Deinen Stoffwechsel und den gesamten Organismus nachhaltig. Es hilft Deinem Körper, in der Tiefe zu entlasten und zu entrümpeln. Wie bei einem ordentlichen Frühjahrsputz. Während Du im Alltag zwar täglich abwäschst, Ordnung hältst, in regelmäßigen Abständen den Müll rausbringst und staubsaugst, machst Du beim Detox einen gründlichen Hausputz. Du putzt dann auch die Fenster, reinigst die Heizkörper und schiebst Dein Sofa beiseite, damit auch der Staub und Dreck in der hintersten Ecke entfernt wird. Und vielleicht entsorgst Du sogar noch ein paar Dinge, wie einen alten Toaster oder den Lampenschirm, der einen Sprung hat.

DER PERFEKTE DETOX?

In diesem Buch stellen wir Dir sanfte Detox-Möglichkeiten vor, die Du selbst problemlos zu Hause umsetzen kannst. Wir machen es Dir so leicht und dennoch so individuell wie möglich, eine Woche auf Basis der ayurvedischen Prinzipien zu entgiften. Für mehr Leichtigkeit und Energie. – Das ist natürlich nicht mit einer ärztlich betreuten Ayurveda-Kur, zum Beispiel einer mehrwöchigen, tief greifenden Panchakarma-Kur, vergleichbar. Die ist übrigens auch sehr zu empfehlen, vor allem, wenn das körperliche Ungleichgewicht schon größer ist. Man kann die Panchakarma-Kur eher mit einer kleinen Hausrenovierung gleichsetzen. Da bräuchte man auch Hilfe von Spezialisten. Wir konzentrieren uns hier auf einfachere Detox-Arten, die man super alleine machen kann.

NO ONE SIZE FITS ALL – HÖR AUF DEINEN KÖRPER

Ayurveda geht davon aus, dass wir alle individuell sind, was unseren Körper, unsere Vorlieben und Bedürfnisse angeht. Was also gut für Deine Freundin oder Deinen Partner funktioniert, muss nicht unbedingt auch für Dich stimmig sein. Wir und unsere Lebenssituationen sind einfach so unterschiedlich! Deshalb haben wir für Dich verschiedene Detox-Arten zusammengestellt, inklusive einer Anleitung, um herauszufinden, was für Deinen Körper optimal ist und gerade gut in Dein Leben passt. Unabhängig von dem Detox, den Du für Dich wählst, ist es wichtig, nicht blind der Anleitung zu folgen, sondern immer auch Deinen Körper zu fragen, wie es ihm gerade geht und was er braucht. Das schult zusätzlich Dein Körperbewusstsein. Wenn Du geübter darin wirst, die Signale Deines Körpers richtig zu deuten, kannst Du Deinen Detox künftig immer optimaler auf Deinen aktuellen Zustand hin anpassen.

WIE LANGE SOLLTE DER DETOX DAUERN?

Bei der Länge des Detox ist es ähnlich wie bei der Detox-Art: No one size fits all. Mehrere Wochen sind toll, aber für die meisten von uns nicht praktikabel im Alltag. Mini-Cleanses für drei bis fünf Tage sind in aller Munde und natürlich super, um den Körper auf die Schnelle zu entlasten. Wenn Du Dich noch nicht traust, länger zu detoxen, kannst Du Dich schrittweise herantasten und vielleicht erst mal nur einen Entlastungstag oder ein (verlängertes) Detox-Wochenende machen.

Allerdings braucht Dein Körper schon ein bisschen mehr Zeit, um richtig in den Detox-Modus zu kommen und wirklich so viel aufzuräumen, dass Du tatsächlich einen deutlichen Effekt spürst! Darum haben wir uns in diesem Buch für **eine Woche** entschieden. Falls Dich das abschrecken sollte ... Relax! Gerade bei den einfacheren Detox-Arten sind vor allem die Entlastungstage und die Aufbautage super unkompliziert nebenher einbaubar, sodass der eigentliche „Aufwand" sich eher auf weniger Tage beschränkt. Je nachdem, wie Du es für Dich handhaben willst.

WANN UND WIE OFT SOLLTEST DU EINEN DETOX MACHEN?

Klassischerweise empfiehlt Ayurveda einen gründlichen „Hausputz", also einen Detox, zweimal jährlich zu den Übergängen der Jahreszeiten, denn die sind für unseren Körper immer eine besondere Herausforderung. Bestimmt hast Du auch schon mal gemerkt, dass es Jahreszeiten gibt, in denen Du Dich leicht und voller Energie fühlst, und andere, wo Du schwerer in die Gänge kommst. Ein Detox gibt unserem Körper in diesen Übergangszeiten die Möglichkeit, sich neu zu kalibrieren und auf die nächste Jahreszeit einzustellen.

- Beim **Übergang vom Winter zum Frühling** kannst Du mit einem Frühjahrsputz überschüssige Pfunde und die Schwere des Winters loswerden und so Frühjahrsmüdigkeit und Heuschnupfen vorbeugen oder mildern.
- **Der Herbst,** wenn auch die Natur loslässt und die Bäume ihre bunten Blätter abwerfen, ist auch eine gute Zeit zur Entgiftung und Entschlackung. Beim **Übergang vom Sommer zum Herbst/Winter** (im Ayurveda gibt es nur drei Jahreszeiten) hilft uns ein Detox dabei, die überschüssige Hitze des Sommers loszuwerden, unser Immunsystem zu stärken und Erkältungen vorzubeugen.

Du kannst natürlich auch zu anderen Zeiten im Jahr detoxen, etwa, wenn Du Dich unwohl fühlst, nach einer anstrengenden Phase oder der Schlemmerei an den Feiertagen.

DETOX UND FASTEN

Im Ayurveda wird beim Detox üblicherweise nicht auf Nahrung verzichtet, sondern es werden zwei bis drei regelmäßige Mahlzeiten über den Tag verteilt eingenommen. Diese sind aber leichter verdaulich als unsere Alltagsküche und entlasten so die Verdauung, während sie den Körper mit den notwendigen Nährstoffen und Energie versorgen. Detox ist also nicht gleich Fasten, vor allem nicht im Ayurveda. Trotzdem findest Du im Buch auch eine Fasten-Variante, denn Dana liebt dieses etwas strengere Vorgehen, und auch Fasten entlastet Deinen Stoffwechsel und hilft beim Detoxen.

NACH DEM DETOX DRANBLEIBEN

Achtung, mach nicht den Fehler zu glauben, dass Du die Art, wie Du Dich im Detox ernährt hast, beibehalten könntest. Detoxen ist nicht gleich Gewohnheitsänderung! Im letzten Kapitel haben wir ein paar Tipps für Dich, was Du nach dem Detox tun kannst, um Deinen Körper auch im Alltag dabei zu unterstützen, weniger Stoffwechselabfälle anzusammeln. Das Geheimnis liegt darin, den natürlichen Rhythmus Deines Stoffwechsels optimal zu nutzen. Das machst Du, indem Du gesunde Routinen aufbaust, Dich vernünftig ernährst, und dabei immer Deine Verdauungskraft im Tagesverlauf und die nächtlichen Detox-Phasen beachtest. In unserem Programm „Tellergold“ kannst Du das ganz ausführlich lernen oder in Danas erstem Buch „Dein Neuanfang mit Ayurveda“ nachlesen.

Bevor wir nun aber konkret in die Anleitung zum Detox einsteigen, haben wir noch ein paar wichtige Infos zu Deinem Stoffwechsel und Deiner Verdauung.

DIESES DETOX-BUCH IST NICHT STRENG AYURVEDISCH

Wir möchten Dir das Thema Detox möglichst unkompliziert und pragmatisch nahebringen, einfach, alltagstauglich und undogmatisch – im typischen Ichgold-Style, für den wir bekannt sind. Du wirst daher einige Dinge in diesem Buch finden, die einen streng ausgerichteten Ayurvedi verzweifeln lassen würden. Das ist okay, denn unser Ziel ist es, Dir den Einstieg in den Detox mit ayurvedischen Prinzipien zu erleichtern und Dir mitzugeben, was bei uns gut funktioniert.

Der Schlüssel
ZU DEINER GESUNDHEIT

Unsere Verdauung leistet Schwerstarbeit, denn unsere Nahrung enthält nicht nur Nährstoffe, sondern auch Belastendes. Häuft sich zu viel davon an, kommt die körpereigene Müllabfuhr ins Stocken. In diesem Abschnitt zeigen wir Dir, wie Du auf die Signale Deines Körpers achtest und sie richtig deutest.

WIE GEHT ES DEINER VERDAUUNGSKRAFT?

Der Schlüssel, damit das alles reibungslos funktioniert, ist aus ayurvedischer Sicht unsere Verdauungskraft, unser „Verdauungsfeuer", auch „Agni" genannt. Sie ist dafür zuständig, die Nahrung aufzuspalten, die Nährstoffe zugänglich zu machen und in Energie und Gewebebausteine umzuwandeln. Aber auch den Dreck, der dabei entsteht, auszuscheiden, über Urin, Stuhl oder Schweiß. Wie eine körpereigene Müllabfuhr. Vereinfacht gesagt gilt: Je besser unsere Verdauung und unser Verdauungsfeuer in der natürlichen Balance sind, desto gesünder sind wir. Im Gleichgewicht haben wir viel Energie, ein stabiles Immunsystem und schlafen wie ein Baby. Wir fühlen uns gesund, in unserer Mitte und sammeln kaum Schlacken an.

DARAUF SOLLTEST DU ACHTEN

Unsere Darmentleerung (zugegeben, das ist kein besonders sexy Thema) ist ein wichtiger Indikator. Wir wünschen sie uns ein- bis zweimal pro Tag, das erste Mal innerhalb von einer Stunde nach dem Aufstehen (ohne die Hilfe von Kaffee). Die Konsistenz weich und geformt – wie eine reife Banane oder Zahnpasta. Ja, ungewöhnlich viele Details, aber superwichtig für unsere Gesundheit.
Ist unser Verdauungsfeuer im Ungleichgewicht, bekommen wir gesundheitliche Probleme:

- Lodert es zu stark, führt das beispielsweise zu Sodbrennen, Entzündungen oder Gereiztheit.
- Brennt es zu schwach oder unregelmäßig, können unter anderem Verstopfung, Blähungen, Verschleimung und Abgeschlagenheit entstehen.

All diese Symptome sind Zeichen für angesammelten Dreck in unserem Körper. Wenn Dein Stoffwechsel und Deine Verdauung überlastet sind, beispielsweise durch viel Stress oder unregelmäßiges und ungesundes Essen, entstehen während der Verdauung Nahrungsmittelrückstände und Schlacken, die sich in Deinem Körper ablagern. Im Ayurveda werden sie als „Ama" bezeichnet. Auf der rechten Seite findest Du einen kleinen Test, mit dessen Hilfe Du erkennen kannst, wie stark Dein Körper durch angesammelte Stoffwechselabfälle und Giftstoffe belastet ist. Je mehr „Ama" sich angesammelt hat, desto wichtiger ist ein richtiger Großputz. – Dann ist es höchste Zeit für einen Detox!

AMA-TEST – BRAUCHST DU EINEN DETOX?

Bitte beantworte die folgenden Fragen aus dem Bauch heraus. Welche der zwölf Aussagen passen zu Dir? Und wenn sie zutreffen, wie oft ist das der Fall? Die Auswertung findest Du unten auf dieser Seite.

0 = trifft nicht zu **1** = trifft selten zu **2** = trifft etwa 50 % der Zeit zu
3 = trifft sehr oft zu **4** = trifft immer zu

0	1	2	3	4	
☐	☐	☐	☐	☐	Ich brauche morgens eine Weile, bis ich richtig wach bin.
☐	☐	☐	☐	☐	Ich habe Verdauungsprobleme wie Verstopfung, Blähungen oder Durchfall.
☐	☐	☐	☐	☐	Nach dem Entleeren muss ich häufig die Klobürste und/oder viel Klopapier benutzen.
☐	☐	☐	☐	☐	Ich habe oft gar keinen Appetit.
☐	☐	☐	☐	☐	Ich fühle mich körperlich und/oder emotional ausgelaugt, ohne viel getan zu haben.
☐	☐	☐	☐	☐	Meine Haut juckt öfter an verschiedenen Stellen am Körper, oder ich habe Hautunreinheiten.
☐	☐	☐	☐	☐	Nach dem Aufstehen fühle ich mich steif und brauche etwas, bis ich in die Gänge komme und mich richtig bewegen kann.
☐	☐	☐	☐	☐	Ich bin ständig müde und energielos.
☐	☐	☐	☐	☐	Ich habe oft eine verstopfte Nase und ein dumpfes Gefühl im Kopf.
☐	☐	☐	☐	☐	Ich habe Allergien oder Nahrungsmittelunverträglichkeiten.
☐	☐	☐	☐	☐	Ich habe öfter dicke, verquollene Augen oder Wassereinlagerungen.
☐	☐	☐	☐	☐	Ich habe häufiger Infekte.

AUSWERTUNG

Zähle die Punkte zusammen. Das Ergebnis zeigt Dir, wie groß die Belastung Deines Körpers ist und wie sehr Du einen Detox brauchst.

0–6 Punkte – keine Belastung

7–12 Punkte – geringe Belastung

13–27 Punkte – mittlere Belastung

> 28 Punkte – hohe Belastung

DIE VERDAUUNGSTYPEN

Im Ayurveda gibt es unterschiedliche Verdauungstypen. Du erkennst sie am leichtesten an ihren jeweiligen Ungleichgewichtszuständen (siehe unten), denn bei den meisten von uns ist das Verdauungsfeuer nicht oder nicht immer im Gleichgewicht. Wenn Du Deinen Verdauungstyp kennst, kannst Du den passenden Detox auswählen. Dafür musst Du die Signale und die Sprache Deines Körpers verstehen und deuten lernen. Wir zeigen Dir, wie das geht.

Im Ayurveda werden grob **drei verschiedene Ungleichgewichtszustände der Verdauungstypen** beschrieben. Oft sind wir auch Mischtypen. Jeder Verdauungstyp hat ein eigenes Icon, das Du auch bei den Detox-Arten und Rezepten wiederfindest.

DER SENSIBLE VERDAUUNGSTYP

hat eine unregelmäßige Verdauung und neigt zu Blähungen, Blähbauch, unregelmäßiger Entleerung und Verstopfung, trockenem Stuhl, manchmal auch zum Wechsel zwischen Durchfall und Verstopfung und zu Nahrungsmittelunverträglichkeiten. Außerdem ist er anfällig für trockene Haut, ein schwaches Immunsystem und Schmerzen.

DER HEISSE VERDAUUNGSTYP

hat eine schnelle Verdauung und neigt zu Sodbrennen und Durchfall, was zu einer verminderten Nährstoffaufnahme führen kann. Dieser Typ wird „hangry" (hungry & angry), also leicht reizbar, wenn er bei Hunger nichts zwischen die Zähne bekommt. Außerdem neigt er zu Entzündungen, Kopfschmerzen und vermehrtem Schwitzen.

DER TRÄGE VERDAUUNGSTYP

hat eine langsame Verdauung und Entleerung und neigt zu Völlegefühl nach dem Essen. Er hat tendenziell viel Appetit, aber eigentlich wenig Hunger. Wassereinlagerungen, Antriebslosigkeit, Erkältungssymptome, Verschleimung und leichte Gewichtszunahme sind häufig.

Bei welchem Typ/welchen Beschwerden findest Du Dich aktuell am ehesten wieder? Richte Dich primär nach dem, was Du jetzt gerade aktuell bei Dir wahrnimmst, und nicht danach, was Du schon mal hattest oder auch manchmal hast. Im Ayurveda wollen wir immer das gerade präsente Ungleichgewicht ausgleichen. Eventuell entdeckst Du auch Symptome von zwei verschiedenen Typen bei Dir, auch das ist möglich.

Wenn Du Dir noch unsicher bist, welcher Typ Du bist, mach unseren kleinen Test auf Seite 16, um Dich leichter einzuordnen. Sehr wahrscheinlich findest Du Dich in mehreren Bereichen wieder. Orientiere Dich an dem, was intuitiv aktuell am meisten dominiert.

VERDAUUNG IM KOPF – DIE MENTAL-EMOTIONALE EBENE

Ayurveda geht davon aus, dass wir neben den körperlichen Verdauungsprozessen auch auf mental-emotionaler Ebene verdauen. All die Sinneseindrücke, Reize, Erlebnisse, Gedanken und Gefühle müssen verarbeitet, also verdaut werden, damit wir in unserer Kraft und im Gleichgewicht sind.

Die mental-emotionale und die körperliche Verdauung stehen in enger Beziehung zueinander und beeinflussen sich gegenseitig. Und Gefühle sind auch biochemische Prozesse, die durch Nahrung und unsere Verdauung beeinflusst werden.

Bestimmt kennst Du das: Wenn es Dir seelisch schlecht geht, merkst Du das auch körperlich, kannst vielleicht schlechter schlafen, weil nachts Deine Gedanken um Dein Problem kreisen und Du Dir Sorgen machst. Oder Du bist nervöser und fühlst Dich überfordert. Oder Du merkst, dass ein Streit mit Deinem Partner Dir „auf den Magen schlägt" und Du davon nicht nur schlechte Laune, sondern auch Sodbrennen oder einen Knoten im Bauch bekommst. Du schläfst vielleicht unruhiger, nachdem Du einen aufwühlenden Thriller gesehen oder einen Serienmarathon auf Netflix hingelegt hast. Dir stößt etwas sauer auf, Du bist gallig oder empfindest Situationen als bitter, süß oder auch heiß. All das zeigt, wie eng die körperliche und die mental-emotionale Verdauung zusammenhängen.

Müssen wir jetzt auf alles Mögliche verzichten, um im Gleichgewicht zu bleiben? Nein. Grundsätzlich können wir das ab und an gut kompensieren, vor allem mit regelmäßigen Regenerationsphasen und Pausen. Stehen wir allerdings permanent unter Strom oder Stress, gerät unser System dauerhaft aus dem Gleichgewicht. Wichtig zu wissen ist auf jeden Fall, dass unser Körper und unser mental-emotionales System eng zusammenhängen. Daher hat ein körperlicher Detox auch immer Auswirkung auf die mental-emotionale Ebene und umgekehrt. Das wird oft unterschätzt.

WELCHER VERDAUUNGSTYP BIST DU?

Mit unserem Test bestimmst Du ganz einfach Deinen Verdauungstyp. Richte Dich primär danach, wie es Dir aktuell geht. Und Achtung, nimm es nicht so genau. Wenn es Dir schwerfällt, die Fragen eindeutig zu beantworten, entspanne Dich. Die Tendenz zählt. Wähle das, was auf Dich intuitiv am ehesten zutrifft.

- ☐ B) Ich habe jeden Tag Stuhlgang, meistens sogar mehrmals.
- ☐ A) Ich habe nicht jeden Tag Stuhlgang – oft mehrere Tage lang nicht.
- ☐ C) Ich habe jeden Tag zur gleichen Zeit Stuhlgang.

- ☐ B) Ich neige zu Sodbrennen.
- ☐ C) Ich fühle mich oft unangenehm voll nach dem Essen.
- ☐ A) Ich habe oft einen Blähbauch oder auch Blähungen.

- ☐ C) Ich habe viel Appetit.
- ☐ A) Mein Appetit ist unregelmäßig.
- ☐ B) Mein Appetit ist durchschnittlich.

- ☐ A) Ich habe unregelmäßig Hunger. Mal doll, mal vergesse ich aber auch zu essen.
- ☐ C) Ich habe wenig Hunger, könnte aber immer essen.
- ☐ B) Ich habe ständig Hunger. Wenn ich dann nichts bekomme, werde ich richtig sauer.

- ☐ C) Mir liegt Essen oft schwer im Magen.
- ☐ B) Ich kann alles verdauen.
- ☐ A) Ich habe einige Nahrungsmittelsensibilitäten oder Unverträglichkeiten.

- ☐ A) Ich liebe Suppen und Eintöpfe und mag Essen gerne matschig oder breiig.
- ☐ B) Ich liebe es, wenn es knackt und gehaltvoll ist. Sonst werde ich nicht satt.
- ☐ C) Ich mag eigentlich alles.

- [ ] A) Ich laufe öfter leer oder bin unterzuckert, vergesse aber manchmal zu essen.
- [ ] B) Ich könnte niemals eine Mahlzeit auslassen.
- [ ] C) Ich habe keine Probleme damit, eine Mahlzeit auszulassen.

- [ ] B) Ich liebe scharfes, würziges Essen.
- [ ] A) Ich mag es sahnig und mild.
- [ ] C) Meine Lieblingsgeschmacksrichtung ist Süß.

AUSWERTUNG

Die höchste Zahl zeigt, wohin Deine Verdauung tendiert.

A steht für sensible Verdauung

B steht für heiße Verdauung

C steht für träge Verdauung

Das Testergebnis soll Dir als Indikator dienen, um Dich besser kennenzulernen, und als eine grobe Orientierung für die Auswahl Deines Detox und der Rezepte.

Die Icons findest Du unter den Rezepten wieder, damit Du sofort siehst, für welchen Verdauungstyp das jeweilige Rezept geeignet ist und wie Du es ganz einfach für Deinen Typ anpassen kannst.

FINDE DEINEN *optimalen Detox*

Nicht jeder Detox ist für jede Lebenslage oder jeden Verdauungstyp geeignet. Lass uns herausfinden, was Du jetzt gerade brauchst! Neben Deinem Verdauungstyp schauen wir uns dafür auch Deine aktuelle Lebenslage, Deine Bedürfnisse und Dein Detox-Ziel an. Danach finden wir das perfekte Detox-Level für Dich, abhängig von Deiner Erfahrung und Deiner üblichen Ernährung.

WAS BRAUCHST DU GERADE?

Grundsätzlich wollen wir uns durch einen Detox fitter fühlen, mehr Kraft haben, in Balance und gesünder sein. Das ist gleichzeitig das übergeordnete Ziel, das für jede Art von Detox gilt, und das Potenzial jedes Detox – egal welche Form Du wählst. Aber damit Dein Detox erfolgreich wird, muss er zu Deiner individuellen Situation passen. Wir sind alle unterschiedlich und brauchen verschiedene Dinge.

WIE IST DEINE INDIVIDUELLE SITUATION?

Ein Aspekt ist Dein Alltag, Deine Termine und wie Du zeitlich eingebunden bist. Ein anderer ist Dein Verdauungstyp. Ein weiterer wichtiger Punkt ist, was Dein Körper aktuell braucht. Vielleicht bist Du eigentlich kraftvoll und stabil, aber hast gerade einen Infekt hinter Dir. Oder Du hattest eine besonders stressige Zeit und bist eher erschöpft. Vielleicht hast Du aber auch gerade viel gefeiert oder eine besonders arbeitsreiche Phase mit reichlich Essen, viel Süßem und Alkohol kompensiert und fühlst Dich schwer und träge.

DIE ZWEI GENERELLEN DETOX-RICHTUNGEN

Im Ayurveda gibt es – abhängig von Deiner aktuellen Lebenslage und Deinem Verdauungstyp – grundsätzlich zwei Richtungen, wie Du an einen Detox herangehen kannst. Beide dienen dazu, Dein System zu entlasten, es gründlich sauber zu machen und es zur Ruhe kommen zu lassen. Sie haben aber grundsätzlich zwei verschiedene Absichten:

NÄHREN
Kraft tanken, Erschöpfung entgegenwirken, stabilisieren, zur Ruhe kommen, entstressen

REDUKTION
Ballast abgeben, eventuell Gewicht verlieren

WELCHE DETOX-RICHTUNG TUT DIR JETZT GUT?

Grundsätzlich gilt:

- Je schwächer, gestresster und instabiler Du aktuell bist, desto eher brauchst Du die nährende Detox-Richtung.
- Je stabiler und schwerer Du aktuell bist, desto eher brauchst Du die reduzierende Variante.

Beide Varianten entlasten Dein System und unterstützen Dich beim Entgiften. Sie helfen Dir auch beide, zurück zu Deinem natürlichen Rhythmus und einem guten Körpergefühl zu finden und im Anschluss wieder mehr im Einklang mit Deinem Körper und vitaler zu sein.

Also, soll es eher ein reduzierender oder ein nährender Detox sein? Was erfordert Deine aktuelle Lebenslage? – Sei hier ganz ehrlich zu Dir! Versuche dazu das tatsächliche Bedürfnis Deines Körpers zu erspüren. Was sagt Dir Deine Intuition?

WICHTIG: ZUERST STRESS ABBAUEN, DANN ABNEHMEN

Solange Dein Körper und Dein mental-emotionales System nicht aus dem Stress und der Erschöpfung raus sind, das Nervensystem sich beruhigt hat und die Batterien wieder aufgeladen sind, kannst Du das Abnehmen vergessen! Leere Batterien sorgen dafür, dass Dein Körper denkt, es ist Not-Modus angesagt, und krampfhaft an jedem Gramm festhält. Lade also zuerst Deine Batterien auf. Wenn Dein System wieder stabil und entspannt genug ist, kannst Du Dich um Dein Gewicht kümmern.

WAS SIND DEINE ZIELE?

Was sind Deine Ziele, die Dich dieses Buch haben kaufen lassen? Bewusstgemachte Ziele helfen uns bei der Ausrichtung, aber auch beim Durchhalten, falls wir beim Detoxen mal schwächeln.

Denkbare Ziele:

- Ich möchte mich leichter und fitter fühlen und ein bis zwei Kilo abnehmen.
- Ich möchte meinen Körper nach einer stressigen Zeit entlasten und wieder zurück zu gesünderen Essgewohnheiten finden, nachdem ich in den letzten Wochen viel Ungesundes wie Zucker, Kaffee und Fast-Food zu mir genommen habe.
- Ich möchte meinen Körper und mein gesamtes Nervensystem entstressen, nähren und stärken, weil ich eine anstrengende Krankheit hinter mir habe oder sehr viel zu tun hatte und mich ausgebrannt, erschöpft oder überfordert fühle.

Entscheide jetzt: Was ist Dein persönliches Ziel? Und welche Richtung wählst Du für Deinen Detox? Nähren oder Reduktion?

SO MOTIVIERST DU DICH

Noch leichter wird es für Dich durchzuhalten, wenn Du Dir Dein kraftvolles „Warum" bewusst machst, Deinen Beweggrund, der hinter Deinem Ziel steht. Wie willst Du Dich nach dem Detox fühlen? Mögliche Warums (zu den Zielen von Seite 19) könnten zum Beispiel sein:

- Ich bin energiegeladen und fühle mich wunderbar leicht. Und ich freue mich, dass meine Hosen endlich nicht mehr kneifen.
- Ich fühle mich wohl in meiner Haut und bin in meiner Mitte angekommen. Ich greife automatisch eher nach gesunden Nahrungsmitteln und habe weniger Gelüste auf Ungesundes.
- Ich fühle mich fit, stabil und ausgeglichen. Ich schlafe besser und wache erholt auf. Ich meistere meinen Tag in Gelassenheit.

Jetzt formuliere Dein Warum: Das, wofür sich der Detox wirklich lohnt! Wie möchtest Du Dich nach Deinem Detox fühlen? Wie möchtest Du Dich nach Deinem inneren „Großputz" sehen? Stell es Dir in bunten Farben vor, dann wirds noch intensiver für Dich!

➤ Schreib Dir Dein persönliches Ziel, Deine Detox-Richtung (Nähren oder Reduktion) und Dein Warum auf ein Kärtchen und platziere es während des Detox gut sichtbar dorthin, wo Du es mehrmals am Tag siehst, etwa am Badezimmerspiegel. Oder speichere es einfach als Botschaft auf dem Handysperrbildschirm.

Motivations-Tipp

Vielleicht hilft es Dir auch, Dir als zusätzliche Motivation einen Anreiz zu überlegen, also etwas, was Du Dir nach dem Detox als Belohnung gönnen wirst. Idealerweise hat diese nichts mit Essen zu tun, sondern ist etwas, was Du gerne machst oder genießt, beispielsweise Dir einen Spa-Tag gönnen oder die tollen Schuhe kaufen, in die Du Dich letztens verliebt hast.

Jetzt, da Du die drei entscheidenden Dinge weißt – Ziel, Detox-Richtung und Warum –, beachte zusätzlich, was für Deinen Verdauungstyp beim Detox wichtig ist. Dafür haben wir den Spickzettel auf der rechten Seite erstellt:

UNSERE DETOX-EMPFEHLUNG FÜR DEINEN VERDAUUNGSTYP

DER SENSIBLE VERDAUUNGSTYP

hat die Tendenz, zu leicht und zu schwach zu werden. Es besteht die Gefahr, dass zu viel Luft und Raum entsteht. Geht der sensible Verdauungstyp zu stark in die Reduktion, kann er austrocknen und zu viel Substanz verlieren, was zu Schwächezuständen führen kann. Trotzdem ist Detox für den sensiblen Stoffwechseltyp wichtig, denn er neigt nicht nur zu Verstopfungen, sondern auch zu Allergien und Unverträglichkeiten.

- Unsere Empfehlung für den sensiblen Verdauungstyp ist, sich eher auf das **Nähren und Entlasten** zu konzentrieren, um das sensible System zu stabilisieren und zu beruhigen.

DER HEISSE VERDAUUNGSTYP

hat die Tendenz, erhöhte Entzündungswerte zu produzieren. Der Detox soll dabei helfen, diese Entzündungen aus dem Körper zu bekommen. Daher ist alles, was **Entzündungen entgegenwirkt,** wertvoll. Ganz wichtig: Eine Gefahr für diesen Typ ist es, zu dogmatisch und zu hart mit sich zu werden.

- Je nach individueller Lage kommt sowohl ein Detox mit Fokus auf Nähren als auch einer mit Fokus auf Reduktion in Frage. Allerdings ist unsere Empfehlung für den heißen Verdauungstyp, bei beiden Varianten besonders auf zwei Dinge zu achten: erstens, nicht zu strikt zu sein, und zweitens, den Terminkalender zu detoxen und sich **so viel Raum und Zeit wie möglich für die Detox-Phase** zu schaffen. Ansonsten besteht die Gefahr, dass er einfach durchackert und ein großer Teil des Detox-Effekts verloren geht.

DER TRÄGE VERDAUUNGSTYP

hat die Tendenz, leicht zu viel Substanz und Gewicht anzuhäufen. Er ist der stabilste Typ und hat genug Kraft, um tief in den körperlichen Detox reinzugehen. Der Detox ist die optimale Möglichkeit, um Gewicht und Ballast abzugeben, und zwar sowohl körperlich als auch emotional. Denn dieser Verdauungstyp fühlt sich oft schwer und träge und kommt nur mühsam vom Sofa hoch. Mit Detox kommt er in seine Kraft und wird produktiv.

- Für den trägen Verdauungstyp ist es empfehlenswert, den **Fokus auf Reduktion zu legen und auch in Bewegung zu kommen, um den Körper in Schwung zu bringen.**

FINDE DEIN *optimales Detox-Level*

Als letzten Aspekt zur Vorbereitung erkunden wir Dein Detox-Level. Es gibt drei verschiedene Stufen: Basic, medium und advanced. Die für Dich optimale Detox-Intensität ergibt sich nicht nur daraus, wie viel Erfahrung Du mitbringst, sondern auch daraus, wie Du Dich aktuell ernährst und wie eingespannt Du gerade bist.

Je „cleaner", also arm an belastenden und schädlichen Stoffen Du Dich schon jetzt ernährst, das heißt, wenn Du ausgewogen und frisch isst, viel Bio, viel Gemüse und wenig Genussmittel, desto mehr machst Du Basic-Detox eigentlich schon im Alltag. Du kannst Dich dann eher an den Medium- oder Advanced-Detox heranwagen. Je mehr schwer verdauliche Dinge wie Fleisch, Fertiggerichte, Süßigkeiten mit viel weißem Zucker und Genussmittel regelmäßig auf Deinem Speiseplan stehen, desto eher ist ein Basic-Detox für Dich geeignet, besonders, wenn Du Detox-Anfänger bist. Du kannst aber auch eine Mischung aus Basic und Medium Level versuchen. Achte dabei genau auf die Signale Deines Körpers und passe Deinen Detox bei Bedarf etwas an. Mehr dazu findest Du auf Seite 31.

VOM ANFÄNGER ZUM PROFI

- **Basic** eignet sich besonders gut für Einsteiger und ist recht einfach in den Alltag integrierbar. Wenn Du noch nie gedetoxt hast oder aktuell sehr stark eingebunden bist im Job oder der Familie, empfehlen wir Dir diese Variante.
- **Medium** bietet eine tiefgreifendere Entgiftung als die Basic-Variante, erfordert aber auch eine größere Umstellung der Ernährung beim Detox.
- **Advanced** ist geeignet für Dich, wenn Du Deinen Körper gut kennst und idealerweise schon Erfahrung im Detoxen mitbringst.

DIE LEVELS SIND WERTFREI

Die Levels sind nicht mehr oder weniger wertvoll für Deinen Körper. Die meisten von uns neigen dazu, sich eher zu überfordern, weil wir in einer Gesellschaft leben, in der wir glauben, mehr ist mehr wert, und je mehr es wehtut, desto besser. Das trifft hier jedoch nicht zu! Für Deinen Körper ist es deutlich effektiver, einen erfolgreichen und entspannten Detox auf Deinem Level zu machen, als Dich durch eine zu fortgeschrittene Variante zu quälen!

TEST FÜR DEIN DETOX-LEVEL

Mit diesem Test möchten wir Dir helfen, einen Detox mit der für Dich passenden Intensität von Basic bis Advanced zu finden. Wähle, welcher Erfahrungsgrad auf Dich zutrifft und beantworte unsere Ernährungsfragen ehrlich und spontan. Und dann kann es auch schon losgehen mit Deiner Detox-Planung!

1. WIE VIEL DETOX-ERFAHRUNG HAST DU?

Der erste Indikator für Dein optimales Detox-Level ist Deine Erfahrung. Ordne Dich in einem der drei Felder ein. Antworte spontan und ehrlich.

- **Anfänger:** Ich habe noch nie einen Detox gemacht oder wenig Erfahrung damit.
  → **Basic Level**
- **Fortgeschritten:** Ich habe schon ein paarmal gedetoxed (alleine oder unter Anleitung) und weiß etwa, wie mein Körper dabei reagiert.
  → **Medium Level**
- **Profi:** Ich detoxe regelmäßig, habe schon einige Vorerfahrung gesammelt (alleine oder unter Anleitung), und ich kenne meinen Körper ziemlich gut.
  → **Advanced Level**

2. WIE IST DEINE ERNÄHRUNG AKTUELL?

Der zweite Indikator, um Dein Level herauszufinden, ist Deine aktuelle Ernährung. Egal wo Du gerade stehst, ob Du in letzter Zeit viel Kaffee getrunken, Fertigprodukte gegessen oder bei Chips und Alkohol über die Stränge geschlagen hast, oder ob Du Dich ausgewogen ernährt hast – es ist völlig in Ordnung! Es geht hier nicht darum, Dein Essverhalten moralisch zu bewerten, sondern nur darum herauszufinden, welches Detox-Level für Dich am besten geeignet ist. Beantworte die Fragen auf der rechten Seite ehrlich und wertungsfrei. Die Auswertung findest Du unten.

AUSWERTUNG

Dein Punktestand zeigt Dir – neben Deiner Detox-Erfahrung – eine Tendenz, welches Detox-Level für Dich am ehesten in Frage kommt.

29–45 Punkte = **basic** 11–28 Punkte = **medium** 0–10 Punkte = **advanced**

Umkreise, was am ehesten auf Dich zutrifft.

1. Wie oft isst Du aktuell ...?	täglich	mehrmals pro Woche	selten/nie
Fleisch	3	2	1
tierische Milchprodukte (z.B. Milch, Käse, Joghurt)	3	2	1
andere tierische Produkte (z.B. Eier)	3	2	1
Weißmehl	3	2	1
Gluten (z.B. Brot, Nudeln usw.)	3	2	1
weißen Zucker	3	2	1
Süßigkeiten (Schokolade, Gummibärchen, Kekse, Kuchen usw.)	3	2	1
salzige Snacks (Chips, Erdnüsse usw.)	3	2	1
schwere und fettige Speisen (z.B. Pizza, Pommes usw.)	3	2	1
Fertigprodukte, stark verarbeitete Lebensmittel	3	2	1
2. Wie oft nimmst Du Genussmittel zu Dir?			
Kaffee	3	2	1
andere koffeinhaltige Getränke, Schwarztee, Grüntee	3	2	1
Softdrinks und Energydrinks	3	2	1
Alkohol	3	2	1
Zigaretten	3	2	1

Zähle die Summe aller Zahlen unter 1. und 2. zusammen ____________________

3. Wie oft isst Du ...?	täglich	mehrmals pro Woche	selten/nie
frisch gekochte Speisen	3	2	1
Gemüse und Obst	3	2	1
vegetarisch/vegan	3	2	1
Bio-Lebensmittel	3	2	1
saisonale Lebensmittel	3	2	1

Zähle die Summe aus allen Zahlen unter 3. zusammen ____________________

Ziehe die 2. Summe von der 1. Summe ab = Ergebnis ____________________

SO PLANST DU
Deine Detox-Woche

Los geht's! Hier findest Du unsere fünf liebsten Detox-Arten im Überblick. Detaillierte Anleitungen und Rezepte dazu gibt's in Kapitel 2. Such Dir die Art aus, die Dich am meisten anspricht und die zu Deinem Detox-Level, -Typ und -Ziel passt.

WÄHLE DEINE DETOX-ART

Wenn Detoxen für Dich neu ist oder Du gerade sehr viel zu tun hast, empfehlen wir Dir einen sanften Detox zu machen und das Basic Level zu wählen. Mit der Zeit und zunehmender Erfahrung mit dem Detoxen weißt Du, wie Dein System und Dein Körper reagieren, und kannst dann die fortgeschritteneren Varianten ausprobieren und/oder den Detox eine längere Zeit ausdehnen.

BASIC

- **Simple Detox**
  Perfekt für alle Verdauungstypen, einfach in den Alltag integrierbar, gut für Nähren und Reduktion.

MEDIUM

- **Mono-Detox**
  Beste Wahl für sensible Verdauungstypen, aber auch für die anderen Verdauungstypen gut geeignet. Klassisch ayurvedisch. Nährend, mit Anpassungen aber auch gut zur Reduktion.
- **Liquid Detox**
  Optimal für heiße und träge Verdauungstypen zur Reduktion.

ADVANCED

Primär für träge und heiße Verdauungstypen. Zur Reduktion für Detox-Profis mit stabiler, gesunder Konstitution.

- **Mono-Detox oder Liquid Detox mit Ausleitungstag**
  Für einen noch tieferen Detox kann ein Ausleitungstag eingebaut werden.
- **Fasten-Detox**
  Fasten bietet einen tiefen Detox, wird im klassischen Ayurveda aber nicht unbedingt angewendet. Wir empfehlen, beim ersten Mal unter Begleitung zu fasten. Wenn Du schon Erfahrung mit dem Fasten hast, kannst Du diese Variante wählen.

DAS DETOX-EINMALEINS

Es gibt einige Aspekte, die für jede Detox-Art und für jeden von uns im Grunde immer gelten. Die sehen wir uns jetzt an. Danach gehen wir tiefer auf das Thema Individualisieren ein, sodass Du Dir Deine ganz persönliche Detox-Woche zusammenstellen kannst.

DIE DREI PHASEN DES DETOXENS

Ein Detox besteht klassischerweise aus drei Abschnitten:

➤ PHASE 1: ENTLASTEN – EASY IN

In dieser Phase geht es um einen sanften Übergang von Deinem normalen Leben in den Detox. Wie Du Dir vorstellen kannst, macht es keinen Sinn, mit 100 Sachen eine Vollbremsung zu machen. Easy In, ein langsamer Einstieg, macht es Dir und Deinem Körper einfacher, sich auf die Umstellung einzustimmen und den Weg in den Detox zu finden.

➤ PHASE 2: ENTGIFTEN – GOING DEEP

Dies ist die Hauptphase des Detox, sie ist am intensivsten und geht am tiefsten. Lege den Fokus in dieser Zeit besonders auf Dich und Deine Entgiftung und schaffe Dir an diesen Tagen möglichst viel Freiraum, für „Me-Time", Schlafen oder andere erholsame Aktivitäten.

➤ PHASE 3: AUFBAUEN – EASY OUT

In dieser Phase geht es darum, einen langsamen Übergang aus dem tiefen Detox zurück in Deinen Alltag zu finden. Idealerweise natürlich auch nicht von 0 direkt wieder auf 100. Behalte am besten die 9 goldenen Detox-Empfehlungen (Seite 28) bei. Bleib achtsam für Dich und Deine Bedürfnisse und gib Dir Zeit, langsam in den Alltag zurückzufinden, anstatt direkt wieder Vollgas zu geben.

Versuche Dir in der Detox-Woche, vor allem während der Going-Deep-Phase, mehr Zeit für Dich zu nehmen und Ruhepausen einzuplanen. Detox ist eine besondere Zeit, in der Du Dir ganz bewusst vornimmst, Dir etwas Gutes zu tun. Du und Deine Bedürfnisse haben jetzt Priorität.

BEWUSSTES PLANEN

Nimm Dir jetzt Deinen Kalender und lege fest, wann Deine Detox-Woche gut reinpassen würde. Du musst für einen Detox nicht extra Urlaub nehmen. Aber achte darauf, einen Zeitraum zu wählen, in dem Du möglichst wenig Termine und Verpflichtungen und keine stressige Hochphase im Job oder privat hast. Hör immer auf Dein Bauchgefühl und darauf, was gerade gut in Deinen Alltag passt.

9 GOLDENE DETOX-EMPFEHLUNGEN

Völlig egal welche Detox-Art und welches Level Du auswählst – folgende Empfehlungen solltest Du während Deines Detox berücksichtigen, damit er erfolgreich wird.

1. TRINKE REICHLICH

Achte darauf, zwischen (!) den Mahlzeiten viel zu trinken. Ja, selbst beim Liquid Detox. Du kannst Wasser oder Kräutertee trinken, aber keine Säfte, zuckerhaltige Drinks, Schwarz- oder Grüntee. Heißes Wasser ist laut Ayurveda besonders gut. Es regt den Stoffwechsel an, entschlackt und fördert das Ausspülen von Giftstoffen. Idealerweise nimmst Du es (trink-)heiß und in kleinen Schlucken zu Dir. Wenn Dir heißes Wasser nicht gut bekommt, lass es etwas abkühlen und trink es lauwarm.

- **Easy Variante:** Wasser im Wasserkocher zum Kochen bringen, in eine Thermoskanne füllen und über den Tag verteilt trinken.
- **Ayurvedisierte Variante:** Wasser in einem Topf zum Kochen bringen und etwa 10 Minuten köcheln lassen. Fülle es in eine Thermoskanne und trinke es über den Tag verteilt. Das Abkochen erhöht laut Ayurveda die reinigende Wirkung auf den Körper. Es soll die natürliche, energetische Frequenz der Wassermoleküle wieder herstellen und sie so für den Körper leichter verwertbar machen.

2. LASS ALLE „DETOX-STÖRER“ WEG

Lass konsequent alle stoffwechsel-aufputschenden Stoffe und „Gifte“, also Genussmittel wie Kaffee, schwarzen Tee, Alkohol, Nikotin oder Zucker, weg. Auch Weißmehl, stark verarbeitete Lebensmittel und schwer verdauliche Dinge wie Fleisch sowie Milchprodukte gehören nicht in eine Detox-Woche.

3. ISS WARM UND LEICHT

Damit der Körper wenig Energie für die Verdauung benötigt und Dein Stoffwechsel entlastet wird, solltest Du während des Detox warm und leicht essen und kalte Getränke meiden. Im Rezeptteil liegt der Schwerpunkt daher auf leicht verdaulichen Lebensmitteln und Gerichten mit Gemüse und Getreide.

4. ISS NUR ZU DEN MAHLZEITEN, WENN DU HUNGER HAST

Beim Detox isst Du zwei bis drei Mahlzeiten am Tag. Um Deine Verdauung zu entlasten und für die Entgiftung ist es wichtig, dass Du zwischen den Mahlzeiten etwa vier bis fünf Stunden nichts isst und dadurch auch Hunger hast, wenn die nächste Mahlzeit ansteht. Dazwischen also nicht snacken!

5. PASSE DIE PORTIONSGRÖSSE DEINEM VERDAUUNGSFEUER AN

Unser Verdauungsfeuer ist im Tagesverlauf unterschiedlich stark. Iss Deine größte Mahlzeit mittags, wenn es am kräftigsten lodert. Morgens und abends ist es nicht so stark, daher brauchst Du zum Frühstück und Abendessen nur eine kleinere Portion. Achte außerdem darauf aufzuhören, sobald Du satt bist. Dies ist übrigens eine der schwersten Übungen!

6. ISS EINE FRÜHE, LEICHTE ABENDMAHLZEIT

Iss früh zu Abend, am besten vor 19 Uhr, und gönne Deinem Körper über Nacht mindestens 13 Stunden Fastenzeit zwischen Abendessen und Frühstück. Nachts regeneriert der Körper während des Schlafs, und das Entgiftungssystem läuft auf Hochtouren, besonders zwischen 22 und 2 Uhr.

7. STARTE DEINEN TAG MIT EINEM GROSSEN GLAS WARMEM WASSER

Trinke ein bis zwei große Gläser warmes Wasser direkt nach dem Aufstehen mit mindestens 30 Minuten Abstand zum Frühstück. Das regt Deinen Darm an, sich zu entleeren, hilft Deinem Körper, Giftstoffe rauszuspülen, und rehydriert Deine Zellen nach dem Schlaf.

8. PLANE DIR MEHR SELFCARE- UND ME-TIME EIN

Um zu entgiften, brauchen wir mehr Ruhe und Pausen. Detox und Stress schließen sich gegenseitig aus. Unser Körper kann nicht gleichzeitig loslassen (entschlacken) und festhalten (Stress-Modus). Je weniger und leichter Deine Nahrung beim Detox ist, desto mehr Zeit brauchst Du für Pausen, Selbstfürsorge und Zeit für Dich. Das gilt besonders für Liquid Detox- und Fasten-Detox.

9. GIB DEINEM KÖRPER ZEIT FÜR DIE UMSTELLUNG

Je tiefer Du in der Going-Deep-Phase gehst, das heißt, je radikaler Du Deine Ernährung umstellst im Vergleich zum Alltag, desto mehr Zeit braucht Dein Körper für die Umstellung zurück in den normalen Rhythmus. Die Easy-Out-Phase sollte bei einem tiefen Detox in etwa so lang wie die Going-Deep-Phase sein oder nur minimal kürzer. Je cleaner und pflanzenbasierter Du normalerweise isst (wenig Gifte und tierische Produkte), desto schneller kannst Du in den Detox ein- und wieder aussteigen.

Für jede Detox-Art findest Du im Kapitel „Detox-Arten und Rezepte“ ab Seite 37 ein genaues Wochenschema und eine detaillierte Anleitung.

EXTRA-SELFCARE

Selfcare, Selbstfürsorge, ist ein zentraler Faktor während des Detox. Viel zu oft fällt sie hinten runter. Gönne Dir in dieser Woche eine Extraportion davon, insbesondere mehr Pausen, mehr Schlaf, sanfte Bewegung und Zeit nur für Dich. Hier findest Du unsere drei Selfcare-Must-haves.

1. SCHLAFE VIEL

Ausreichend Schlaf ist Deine Detox-Geheimwaffe! Schlaf ist ein Schlüsselelement für unsere Gesundheit generell, aber vor allem beim Detox extrem wichtig. Nachts regeneriert unser Körper, und die Entgiftung läuft auf Hochtouren. Schlaf fördert Deine Immunabwehr, füllt Deine Energiespeicher auf und kann sogar Heißhunger reduzieren. Auch wenn es banal klingt, achte während Deines Detox darauf, früh ins Bett zu gehen und genug zu schlafen, vor allem zwischen 22 und 2 Uhr. In dieser Zeit ist Dein Körper im nächtlichen Detox-Modus, und Du erhöhst und beschleunigst den Reinigungsprozess. Gönn Dir den Luxus einer Extramütze Schlaf, Dein Körper wird es Dir danken.

2. BLEIB ENTSPANNT UND IN BEWEGUNG

Bewegung bringt Dich in Schwung, fördert die Blutzirkulation, regt Deinen Lymphfluss und Stoffwechsel an – kurz, fördert die Entgiftung. Gönn Dir deshalb in Deiner Detox-Woche möglichst täglich eine kleine Bewegungseinheit. Das muss kein schweißtreibender Sport sein, sanfte Bewegung reicht vollkommen aus, um den Detox-Prozess im Körper zu unterstützen. 15 bis 30 Minuten entspanntes Spazierengehen oder ein bisschen Yoga sind schon genug. (Siehe dazu auch ab Seite 144.) Wähle eine Bewegungsform, die zu Deiner Detox-Art, Deinem Verdauungstyp und Deiner Tagesform passt. Generell profitiert der träge Verdauungstyp eher von sportlicheren Einheiten, der sensible von sanfter Bewegung und der heiße Verdauungstyp von entspannter Bewegung ohne übermäßigen Ehrgeiz.

3. GÖNN DIR PAUSEN UND ZEIT NUR FÜR DICH

Im Alltag stehen wir meist unter Dauerstrom und erledigen all die Dinge auf unserer scheinbar nie enden wollenden To-do-Liste – angetrieben von Deadlines, wichtigen Aufgaben und Terminen. Egal ob es um den Job geht, die Steuererklärung, die Haus- oder Gartenarbeit oder unsere Familie, ein Ausflug, den Du den Kids versprochen hast, oder die Feier mit Freunden: Es scheint immer was zu tun zu geben oder jemanden, der einen Anspruch oder eine Erwartung an uns hat. Detox bietet Dir die Gelegenheit, Tempo rauszunehmen, Grenzen zu setzen und Dich mehr auf Dich zu besinnen – wieder mehr „Human Being“ zu sein statt „Human Doing“. Gönn Dir und Deinem Körper täglich mehr Ruhe, kleine Auszeiten und Pausen vom alltäglichen Wahnsinn. Mach etwas, was Du gerne tust und was Dir guttut. Ob spazieren gehen, auf dem Sofa liegen und Löcher in die Luft starren, lesen, Wellness in der Badewanne, stricken, meditieren, journalen ... Es ist auch egal, wie lange und was Du tust. Also mach Dir keinen Stress, denke nicht, dass Du jetzt eine Stunde in der Badewanne entspannen musst, wenn das nicht Dein Ding ist. Es geht ausschließlich darum, dass es Dir Freude macht und Du dabei gut abschalten kannst.

MÖGLICHE BEGLEITERSCHEINUNGEN

Während eines Detox leistet Dein Körper Schwerstarbeit, und Deine interne Putzkolonne macht Überstunden. Es ist also ganz normal, dass dabei auch vorübergehendes Unwohlsein in Form von Entgiftungserscheinungen auftaucht. Vor allem am Anfang. Meistens sind diese „Nebenwirkungen" nach ein paar Tagen wieder weg. Halte durch. Und hilf Dir dabei mit dem einen oder anderen Tipp von uns.

KEINE PANIK – DETOX-DURCHHÄNGER GEHÖREN DAZU

In diesem Abschnitt stellen wir Dir ein paar typische Detox-Begleiterscheinungen vor und geben Dir Tipps, was dagegen helfen kann. Generell reagiert jeder von uns – je nach Verdauungstyp, Ernährungsgewohnheiten im Alltag und Lebenssituation – unterschiedlich auf den Detox. Wir können also nicht voraussagen, ob und wann bei Dir Detox-Durchhänger auftreten. Lass Dich nicht davon irritieren, dass die Auflistung etwas ausführlicher ist. Die meisten von uns erleben nur ein paar der Begleiterscheinungen. Ähnlich wie im Beipackzettel bei Medikamenten zeigen wir Dir trotzdem die häufigsten, damit Du sie einordnen kannst und weißt, was Du tun kannst, um Deinem Körper da durchzuhelfen.

Typische vorübergehende Entgiftungserscheinungen sind:

- Müdigkeit und Mattigkeitsgefühle, wenig Energie
- leichte Kopfschmerzen
- Rücken- und Muskelschmerzen
- Blähungen, Verstopfung
- Stimmungsschwankungen oder schlechte Laune
- Kreislaufprobleme
- Hautunreinheiten

Pass gut auf Dich auf!

Wenn Du Nebenwirkungen spürst, habe etwas Geduld und sei milde und liebevoll zu Dir. Kämpf nicht dagegen an, sondern höre auf Deinen Körper und gönn Dir Ruhe. Mach Deinen Detox vielleicht etwas sanfter oder kürzer. Je mehr Schlacken Du im Körper hast und je größer die Ernährungsumstellung für Dich ist, desto stärker können die Symptome ausfallen. Allerdings sollten sie innerhalb von wenigen Tagen abklingen. **Wenn die Nebenwirkungen heftiger ausfallen und Du wirklich krank wirst, gilt wie bei allem: Hol Dir Hilfe und geh zum Arzt oder Heilpraktiker.**

MÜDIGKEIT, WENIG ENERGIE, ABGESCHLAGENHEIT

Es ist völlig normal, wenn Du Dich während des Detox müde oder schlapp fühlst, schwer in die Gänge kommst und nicht Dein gewohntes Energielevel hast. Dein Körper entgiftet und regeneriert, das ist Schwerstarbeit! Gönn Dir genug Ruhepausen und viel Schlaf. Auch Spazierengehen, gemütliches Yoga oder Meditation können helfen.

KOPFSCHMERZEN

Kopfschmerzen treten öfter auf, vor allem wenn Du normalerweise viel Kaffee, aber auch schwarzen und grünen Tee trinkst oder viel Zucker isst. Dann kann es vor allem am Anfang durch den Entzug zu Kopfschmerzen kommen. Magnesium (siehe „Kleine Helfer“ Seite 35) hilft gegen Kopfschmerzen. Und Rosmarintee – er wirkt anregend, enthält aber kein Koffein – hilft Deinen Kreislauf zu stabilisieren. Oder einfach mal einen Spaziergang an der frischen Luft machen. Wirkt auch super.

RÜCKEN- UND MUSKELSCHMERZEN

Rücken- und Muskelschmerzen sind manchmal auch ein Nebeneffekt der Entgiftung. Dann ab in die Badewanne. Nimm Deinen Lieblingsbadezusatz oder ein ätherisches Öl und gönne Dir Entspannung im warmen Wasser. Alternativ kannst Du ein Basenbad machen: Für ein Vollbad gibst Du 5 EL Natron und 5 EL Meersalz ohne Fluorid ins Badewasser oder alternativ 2 Tassen Epsom-Salz. Es entspannt die Muskeln und unterstützt die Entgiftung.

VERDAUUNGSBESCHWERDEN

Magengrummeln, Völlegefühl, Blähungen oder auch Verstopfung können durch die Ernährungsumstellung und Entgiftung auch gerne mal auftreten. Je größer die Ernährungsumstellung beim Detox im Vergleich zu Deiner Alltagsernährung ist, desto höher ist die Wahrscheinlichkeit, dass Dein Körper so reagiert. Nutze dann die kleinen Helfer auf Seite 34/35 oder auch Einläufe (siehe Seite 133).

MENTALE ENTGIFTUNGSERSCHEINUNGEN

Gefühligkeit, Gedankenkarussell und Co. können auch mal heftiger werden beim Detox und ganz schön nerven. Manchmal fühlt sich ein Detox zwischendrin ziemlich sch... an. Die körperlichen Erscheinungen können wir vielleicht noch nachvollziehen und zuordnen. Aber was uns meist keiner vorher sagt, ist, dass ein Detox auch auf unser mental-emotionales System wirkt. Wir können Stimmungsschwankungen oder schlechte Laune haben, nah am Wasser gebaut sein. Oder es kommen auf einmal völlig unerklärlich alte Ängste oder negative Glaubenssätze an die Oberfläche, und belastende Gedanken fahren in unserem Kopf Karussell. So unangenehm sich das in dem Moment anfühlt, so ist es doch ein gutes Zeichen: Denn es zeigt, dass Dein mental-emotionales System ebenfalls entgiftet, während Dein Körper sich von Altlasten befreit. Beides hängt zusammen.

Jetzt ist erst einmal wichtig zu akzeptieren, dass es gerade so ist, und dann liebevoll mit Dir zu sein, anstatt in den Widerstand zu gehen. Oft ist es dann trotzdem gut, diese Energie bewusst zu durchbrechen, um Dich in eine andere Stimmung zu bringen, beispielsweise durch eine Tanzeinlage zu Deinem Lieblingssong, an die frische Luft gehen, um Dampf abzulassen, oder ein Telefonat mit der besten Freundin, um auf andere Gedanken zu kommen. Auch Journaling (siehe Seite 152), also Deine Gedanken freestyle und ohne Bewertung zu Papier zu bringen, um sie aus dem Kopf zu bekommen, hilft. Schau, was Dir guttut, und sieh es als positives Zeichen, dass Dein Detox funktioniert! Die gleichen Strategien kannst Du auch anwenden an Tagen, an denen Du Deinen Detox komplett in Frage stellst und am liebsten sofort aufhören möchtest. Auch das ist ein ganz normaler Durchhänger, weil wir durch den Detox die Komfortzone unserer täglichen Ernährungsgewohnheiten verlassen haben.

HEISSHUNGER UND GELÜSTE

Unser Körper ist ein Gewohnheitstier und muss sich erst an die neue Ernährung (oder gar den Fasten-Modus) gewöhnen. Daher kann es sein, dass Du gerade am Anfang eine richtige Gier auf Süßes oder Salziges oder einen Snack hast. Normalerweise legt sich das nach ein paar Tagen.

WICHTIG: Spür in Dich rein, ist es wirklich ein körperliches Bedürfnis oder eher Lust und Appetit? Wenn es Lust ist, trink erst mal etwas heißes Wasser und verbinde Dich mit Deinem Warum: Warum machst Du den Detox noch mal, und wofür würde es sich lohnen, jetzt durchzuhalten? Stell Dir vor, wie Du Dich danach fühlst. Aber auch Ablenkung funktioniert. Lenk Dich ab und bring Dich in eine andere Stimmung (siehe linke Seite), um solche Durchhänger geschickt zu überwinden.

Solltest Du aber wirklich hungrig sein oder unterzuckern, gönne Dir eine kleine gesunde Alternative, beispielsweise langsam einen Löffel Honig zu lutschen, und passe dann Deine Mahlzeitengrößen an. Wenn es partout etwas Süßes sein muss und Honig nicht reicht, integriere etwas Kleines in Deine Hauptmahlzeiten, zum Beispiel etwas gedünstetes Obst als Nachtisch.

KREISLAUFPROBLEME

Kreislaufprobleme wie Schwächegefühle und Schwindel oder niedriger Blutdruck können während Deines Detox auch auftreten. Mit kalten Duschen, einem ansteigenden Fußbad oder leichter Bewegung kannst Du Deinen Kreislauf sanft ankurbeln. Und so gehts:

Kalte Duschen

- Schneller Muntermacher: Dusche Deine Füße, Waden, Hände und Arme mit kaltem Wasser ab. Starte am rechten Fuß und ende beim linken Arm.
- Ausführlich: Dusche den ganzen Körper kalt ab. Beginne am rechten Fuß (= am weitesten vom Herzen entfernt), dann das rechte Bein hoch bis zur Hüfte, dann vom linken Fuß aus das linke Bein hoch bis zur Hüfte, dann Po und unteren Rücken, anschließend die rechte Hand, den rechten Arm hinauf bis zur rechten Schulter, rüber zur linken Hand, den linken Arm hinauf bis zur linken Schulter, und zum Schluss Brust, Schulterblätter, Hals und Kopf.

Ansteigendes Fußbad

- Fülle einen Eimer oder eine Schüssel mit lauwarmem Wasser. Optional kannst Du ätherische Öle wie Rosmarin oder Salbei ins Wasser geben. Diese fördern die Durchblutung und regen den Kreislauf zusätzlich an.
- Stell Deine Füße rein. Das Wasser soll ungefähr bis zu den Knöcheln gehen.
- Gib nach und nach immer etwas heißes Wasser hinzu.
- Nach etwa einer Viertelstunde wird der Körper ausgehend von den Füßen wohlig warm sein.
- Nimm die Füße aus dem Wasser und dusch sie kalt ab.

KLEINE HELFER UND DETOX-BOOSTER

Bevor Du in Deinen Detox startest, stellen wir Dir noch ein paar pflanzliche Mittel und Hausmittel vor, falls es mit der Darmentleerung oder der Verdauung nicht so klappt, wie es soll.

SO KURBELST DU DEINE ENTLEERUNG AN

Triphala ist ein sanftes, aber wirkungsvolles pflanzliches Mittel, um die Darmbewegungen und den Stuhlgang anzukurbeln. Es besteht aus drei Früchten (Amaliki, Bibhitaki und Haritaki) und wirkt reinigend auf den Verdauungstrakt. Du kannst es in Pulverform (Achtung, schmeckt furchtbar!) nehmen oder als Kapseln/Presslinge. Nimm bis zu 3 x 2 Tabletten pro Tag ein bzw. 0,5–1 TL Pulver aufgelöst in etwas heißem Wasser ein- bis zweimal täglich. Starte mit einer kleinen Dosis abends vor dem Schlafengehen und nimm mehr, wenn die Entleerung nicht am nächsten Morgen einsetzt.

ZUR SICHERHEIT

Falls Du starke Blutzuckerschwankungen hast, schwanger bist oder stillst oder nach der Einnahme Übelkeit, Erbrechen oder starken Durchfall bekommst, ist Triphala nicht für Dich geeignet. Ansonsten ist es weder gefährlich noch macht es abhängig.

Indische Flohsamenschalen können ebenfalls Deine Verdauung unterstützen. Bei Verstopfung und trockenem Stuhl nimmst Du 1–2 TL gemahlene Flohsamenschalen mit einem großen Glas lauwarmem Wasser abends oder morgens zu Dir. Auch bei Durchfall sind sie hilfreich und zur Reinigung des Darms. Sie binden Giftstoffe und schleusen sie auf natürlichem Weg über den Darm aus dem Körper.

Einläufe sind besser als ihr Ruf. Erst mal klingt das für die meisten abschreckend. Aber im Prinzip sind sie wirklich easy und weit weniger unangenehm, als man sich das vorstellt. Eine genaue Anleitung für einen Einlauf findest Du auf Seite 133.

Magnesium ist ein echtes Multitalent und hilfreich bei Kopfschmerzen, Muskelkrämpfen und Verstopfung. Nimm bei diesen Beschwerden etwa 300 mg abends vor dem Schlafengehen ein, speziell bei Verstopfung am besten Magnesium-Citrat.

SO HEIZT DU DEIN VERDAUUNGSFEUER AN

Die Ernährungsumstellung während des Detox kann Dein Verdauungsfeuer beeinflussen. Falls Dein Hunger verschwindet oder Völlegefühl oder Blähungen auftreten, kann Folgendes helfen:

Ingwer mit Salz und Zitrone

Nimm etwa ¼ TL klein geschnittenen frischen (!) Ingwer mit etwas Steinsalz und Zitronensaft darauf und iss das 5 Minuten vor Deiner Mahlzeit, um Dein Verdauungsfeuer anzukurbeln.

Trikatu ist eine Gewürzmischung, die Dein Verdauungsfeuer aktiviert und den Stoffwechsel fördert. Sie besteht aus drei scharfen Komponenten: Ingwer, langer und schwarzer Pfeffer. Als Stoffwechsel-Booster ist Trikatu besonders für den trägen Verdauungstyp und bei Übergewicht geeignet. Du kannst es Deinen Gerichten hinzufügen (siehe Hinweise bei den Rezepten) oder unmittelbar vor dem Mittag- oder Abendessen etwas Trikatu-Pulver mit Honig im Verhältnis 1:1 einnehmen. Bei Völlegefühl kannst Du nach dem Essen eine Prise Trikatu in etwas Wasser zu Dir nehmen.

ZUR SICHERHEIT

Falls Du eine sensible oder heiße Verdauung hast, ist Trikatu vielleicht zu scharf oder erhitzend für Dich. Wenn Du es erst einmal ausprobieren magst, nimm eine geringe Menge. Wenn Du Durchfall, Magenschmerzen oder Hautrötungen bekommst, setze es sofort wieder ab.

Tipp: Triphala, Trikatu und die exotischeren Gewürze bekommst Du in der Regel in gut sortierten Bioläden, Ayurveda-Shops oder auch im Internet. Im Downloadbereich auf Seite 3 nennen wir Dir einige Bezugsquellen.

DETOX-ARTEN UND REZEPTE

Nun geht es an die Umsetzung. In diesem Kapitel findest Du alles, was Du für Deinen individuellen Detox brauchst. Von Beginner bis Advanced. Es gibt immer eine Einleitung in die Detox-Art und anschließend die Rezepte dazu, natürlich lecker und unkompliziert. Als Bonus findest Du noch eine kleine Gewürzkunde und ein Tee-Special. Let the detox begin!

SO NUTZT DU DIE REZEPTE

Die Rezepte sind so aufgebaut, dass Du sie ganz einfach an Deine individuellen Ziele und Bedürfnisse anpassen kannst. Auf fast jeder Seite findest Du unter der Rezeptbeschreibung Pfeile, die nach oben oder unten zeigen. Das sind Hinweise darauf, wie sich das jeweilige Rezept für einen nährenden oder reduzierenden Detox variieren lässt.

Zusätzlich bekommst Du unten auf der Seite beim jeweiligen Icon noch Extratipps, wie Du das Rezept für Deinen Verdauungstyp anpassen kannst, damit es Dein Gleichgewicht optimal fördert. Wenn Du zu Deinem Verdauungstyp nichts findest, ist das Gericht, so wie es geschrieben steht, optimal für Dich. Gelegentlich haben wir Vorschläge für Variationen gemacht, damit Du noch mehr Abwechslung und Geschmack in Deinen Detox bringen kannst.

MENGENANGABEN UND ALLGEMEINE REZEPTINFOS

- Als Mengenangaben verwenden wir meist Tassen (200 ml Inhalt), EL (Esslöffel), TL (Teelöffel), Handvoll und Stück (bei Gemüse und Obst). Manchmal sind auch Gramm-Angaben dabei. Du musst es nicht mega-genau nehmen, denn Kochen ist ein kreativer Prozess.
- Die Rezepte sind für eine Person. Falls Du Deinen Detox mit Deinem Partner machen willst, verdopple einfach die Mengen.
- Gewürze sind gemahlen, außer es steht anders dabei.
- An alle Veganer: In den meisten Rezepten nutzen wir Ghee (die geklärte ayurvedische Butter), weil ihm tiefenreinigende Qualitäten zugeschrieben werden. Du kannst es einfach durch ein kalt gepresstes, unraffiniertes Öl ersetzen. Gerne wird auch Kokosöl verwendet.

DAS BEDEUTEN DIE ICONS

nährender Detox

reduzierender Detox

steht für sensible Verdauung

steht für heiße Verdauung

steht für träge Verdauung

Auf einen Blick siehst Du hier die Detox-Art

Quinoabrei
MIT TRAUBENCHUTNEY

Im Ayurveda werden dunkle Trauben als Stärkungs- bzw. Verjüngungsmittel (Rasayana) gerne nach Krankheit, körperlicher oder geistiger Überlastung eingesetzt. Sie wirken befeuchtend auf den Körper, kurbeln den Stoffwechsel an und sind leicht verdaulich. Das Tolle an einem Chutney ist, dass alle sechs Geschmacksrichtungen enthalten sind.

Hier findest Du Wissenswertes zu den Zutaten und ihrer Detox-Wirkung.

Hier findest Du die Zutatenliste und die Rezeptbeschreibung, Schritt für Schritt erklärt, echt easy.

FÜR 1 PORTION

Für das Traubenchutney
1 TL Ghee
1 EL frischer Ingwer (geschält und gehackt)
2 Tassen süße dunkle Trauben (gewaschen)
2 Zweige Rosmarin (Nadeln abgezupft, gewaschen und gehackt; ersatzweise ¼ EL getrockneter Rosmarin)
1 Spritzer Zitronensaft · Salz

Für den Quinoabrei
¼ Tasse Quinoa (gründlich gewaschen)
½ TL Zimt
¼ TL Kardamom
½ TL Koriander
1 Anisstern (optional)
¾ Tasse Mandeldrink
1 Spritzer Zitronensaft · Salz

ZUBEREITUNG

1. Für das Chutney das Ghee in einem Topf erhitzen und den Ingwer darin andünsten.
2. Trauben und Rosmarin dazugeben und die Mischung aufkochen.
3. Das Chutney offen etwa 30 Minuten köcheln lassen, bis die Flüssigkeit eingekocht ist und es eine marmeladeähnliche Konsistenz hat.
4. Das Chutney mit dem Zitronensaft und Salz abschmecken.
5. Inzwischen für den Brei Quinoa und Gewürze im Mandeldrink aufkochen und zugedeckt bei schwacher Hitze etwa 15 Minuten köcheln lassen.
6. Den Anisstern entfernen. Den Brei mit dem Zitronensaft und Salz abschmecken.

Gib zum Schluss ein paar Mandeln oder Cashewkerne dazu.

Nimm statt Mandeldrink Wasser.

Die Detox-Richtung gibt Hinweise, wie Du das Rezept für einen nährenden oder reduzierenden Detox anpasst.

Koche den Brei mit etwas mehr Flüssigkeit, das wirkt der Trockenheit entgegen. Gib beim 1. Schritt 1 Msp. Asafoetida zum Chutney.

Nimm beim Chutney etwas weniger Ingwer.

Gib beim 2. Schritt 1 rote Zwiebel (geschält und gehackt) dazu oder nimm mehr Ingwer.

Mit unseren Verdauungstipps kannst Du das Gericht optimal an Deinen Verdauungstyp anpassen.

Variationen

Wähle das Gemüse nach Saison aus und probiere auch mal andere Gewürze.

Lust auf etwas Abwechslung? Hier findest Du viele leckere Alternativen.

Kleine Gewürzkunde

Mit Gewürzen schmeckt Dein Essen nicht nur leckerer, sie unterstützen Dich auch beim Detox, sorgen dafür, dass die Nahrung gut verdaut wird, heizen das Verdauungsfeuer an und verbrennen Ama. Im Ayurveda-Detox verwenden wir eher milde Gewürze und weniger scharfe. Grundsätzlich kannst Du Dir merken: Je träger Deine Verdauung ist, desto schärfer kannst Du würzen.

Ein paar Worte zum Thema **Salz:** Im Ayurveda sind Steinsalz beziehungsweise Meersalz ohne Zusätze optimal. Wir haben bei den meisten Rezepten auf Mengenangaben verzichtet, weil der individuelle Geschmack sehr variiert. Aber generell gilt: Beim Detoxen etwas weniger salzen als sonst.

Dieses sind die Basic-Detox-Gewürze für alle Verdauungstypen, die wir in den Rezepten nutzen:

- **Koriander, Fenchel** und **Kreuzkümmel** stärken das Verdauungsfeuer und wirken entblähend.
- **Kurkuma** wirkt antientzündlich und reinigend, sie stärkt die Verdauung und das Immunsystem.

Mit diesen Gewürzen kannst Du Deinen Verdauungstyp optimal unterstützen:

SENSIBLER VERDAUUNGSTYP

Frischer Ingwer, Zimt und Asafoetida wärmen und wirken verdauungsfördernd und gegen Blähungen.

HEISSER VERDAUUNGSTYP

Frischer Ingwer und Kardamom in Maßen wirken verdauungsfördernd, ohne Deine Verdauung zu überhitzen.

TRÄGER VERDAUUNGSTYP

Frischer Ingwer, Asafoetida, gelbe Senfsamen, schwarzer Pfeffer, Anis, Pippali und Trikatu wirken erhitzend, bringen Deine Verdauung in Schwung und helfen beim Abnehmen.

Detox-Tee

Mit diesem Tee kannst Du Deinen Detox unterstützen. Trinke ihn zwischendurch schlückchenweise. Die Mischung regt das Verdauungsfeuer an und hilft, den Körper zu reinigen. Der Basis-Tee ist für alle Verdauungstypen geeignet. Du kannst den Tee aber auch an Deinen Verdauungstyp anpassen.

FÜR CA. 500 ML

1 TL Kreuzkümmelsamen
1 TL Koriandersamen
1 TL Fenchelsamen

ZUBEREITUNG

1. In einem Topf 500 ml Wasser mit den Samen aufkochen und bei schwacher Hitze 10 Minuten köcheln lassen.
2. Den Tee durch ein Sieb abseihen.

Gib beim 1. Schritt 2 Scheiben Ingwer mit dazu.

Gib beim 1. Schritt 2 grüne Kardamomkapseln mit dazu.

Gib beim 2. Schritt 1 Prise Pippali oder schwarzen Pfeffer und 2 Scheiben Ingwer mit dazu.

SIMPLE DETOX

BASIC LEVEL

Die einfachste Art zu detoxen ist eine Kombination von zwei Dingen: das Weglassen von Giften und Clean Eating. Wenn Detoxen für Dich neu ist oder Du wenig Raum im Alltag hast, ist diese Variante ein super Einstieg.

DAS PRINZIP

LASS GIFTE UND GENUSSMITTEL WEG

Kaffee, schwarzer und grüner Tee, Alkohol, Tabak und (weißer) Zucker sind die Klassiker. Alleine diese über ein paar Tage oder die ganze Woche wegzulassen hilft Dir unglaublich! Wenn Du sonst sehr viel Kaffee trinkst oder ein anderes Genussmittel zu Dir nimmst, ist es zu radikal, es von einem Tag auf den anderen komplett wegzulassen. Nutze dann die Easy-In-Tage, um es schrittweise zu reduzieren.

LASS SCHWER VERDAULICHE UND VERARBEITETE LEBENSMITTEL WEG

Das heißt tierische Produkte (Fleisch, Eier, Milchprodukte), Getreideprodukte wie Brot, Nudeln und Co., vor allem aus Weißmehl, frittierte und fette Nahrungsmittel und alles, was in irgendeiner Art stark verarbeitet ist, zum Beispiel Fertiggerichte. All das übersäuert den Körper im Alltag, was langfristig zu Krankheiten führt. Eine wichtige Aufgabe von Detox ist es, der Übersäuerung entgegenzuwirken.

ISS MÖGLICHST FRISCH, WARM UND LEICHT

Auf dem Speiseplan stehen vor allem Getreide, Hülsenfrüchte, Obst und Gemüse. Optimal ist ein kleines Frühstück aus gedünstetem Obst oder einem Getreidebrei, mittags die Hauptmahlzeit aus Gemüse und Hülsenfrüchten und ein sehr leichtes Abendessen vor 19 Uhr. Berücksichtige die 9 goldenen Detox-Empfehlungen (Seite 28) und schon macht sich Dein Stoffwechsel an den Hausputz!

Im folgenden Rezeptteil findest Du jeweils sieben einfache, leichte und leckere Frühstücks-, Mittag- und Abendessen-Rezepte für die Simple-Detox-Woche. Noch leichter kannst Du es Dir machen, indem Du mehrmals das Gleiche isst. Wenn Du Abwechslung brauchst, variiere nach Herzenslust.

DER ABLAUF

Easy In ist wichtig als Übergangsphase für den Entzug der Genussmittel. Weil die Umstellung in der **Going-Deep-Phase** beim Simple Detox nicht so radikal ist, wie bei den anderen Detox-Arten, brauchst Du hier kein **Easy Out**, um Deinen Körper wieder an Deine normale Ernährung zu gewöhnen. Aber natürlich empfehlen wir Dir, nach dem Detox nicht sofort wieder zu Kaffee, Pizza und Schweinsbraten überzugehen. Damit würdest Du den positiven Effekt des Detoxens zunichtemachen. Nutze am bes-

SIMPLE DETOX AUF EINEN BLICK

WAS: Entlastung der Verdauung durch leichtere und hochwertige Ernährung, sodass sich Dein Körper besser um die Reinigung kümmern kann.

FÜR WEN UND WANN GEEIGNET:

- Basic Level für alle Verdauungstypen und als Easy In für das Medium und Advanced Level
- Reduktion und Nähren
- Gut in den Alltag integrierbar, in der Regel stabiles Energielevel

SCHEMA FÜR EINE WOCHE: 3 Tage Easy In + 4 Tage Going Deep + 0 Tage Easy Out

ten die Gelegenheit, um die eine oder andere Gewohnheit dauerhaft zu verändern, wie zum Beispiel morgens mit einem Glas warmem Wasser zu starten oder nicht mehr ständig zu naschen.

INTERMITTIERENDES FASTEN – OPTIMAL FÜR DEN TRÄGEN VERDAUUNGSTYP

Anstatt zu verändern, **was** Du isst, kannst Du auch den Fokus darauf legen, **wann** Du isst. Oder Du kombinierst beides, zum Beispiel Simple Detox mit intermittierendem Fasten. Intermittierendes Fasten nach 16/8 bedeutet, dass Du die Fastenphase von der letzten bis zur ersten Mahlzeit am nächsten Tag auf 16 Stunden ausdehnst. Die lange Pause erleichtert dem Körper das Aufräumen. Intermittierendes Fasten kannst Du in jeder Detox-Art, in der Du Nahrung zu Dir nimmst, machen. Wenn Du abnehmen willst, kannst Du auf zwei Mahlzeiten umstellen: eine gegen 10 Uhr und die zweite um 16 Uhr.

Ayurvedisches Frühstück – Dein guter Start in den Tag

Weil Dein Verdauungsfeuer morgens schwach ist, empfiehlt Ayurveda ein kleines, warmes Frühstück, das leicht verdaulich ist. Das besteht aus gekochtem Getreide oder Hülsenfrüchten und/oder gedünstetem Obst. Probiers mal aus, selbst wenn Du kein Porridge-Fan bist. Wenn Du partout kein warmes Frühstück magst und was zum Beißen brauchst, kannst Du auf Knäckebrot oder Maiswaffeln ausweichen. Dazu gibts pflanzlichen Aufstrich, zum Beispiel Avocado mit Gewürzen und etwas Zitronensaft.

Extraschneller „Milch"-Reis

Reis ist sehr leicht verdaulich, weshalb er in der Ayurveda-Küche so gerne verwendet wird. In diesem Rezept nehmen wir Reisflocken. Die sind noch praktischer, weil das Frühstück so im Nullkommanichts fertig ist.

FÜR 1 PORTION

1 TL Ghee
½ TL frischer Ingwer (geschält und gehackt)
¼ TL Zimt
1 Msp. Kardamom
1 Msp. Vanille
½ Tasse Reisflocken
1 Handvoll Rosinen
1¼ Tassen Mandeldrink
Salz
1 Spritzer Zitronensaft
Honig nach Belieben

ZUBEREITUNG

1. Das Ghee in einem kleinen Topf erhitzen und den Ingwer sowie die Gewürze darin bei mittlerer Hitze kurz anrösten.
2. Reisflocken, Rosinen und den Mandeldrink dazugeben.
3. Alles aufkochen lassen und bei schwacher Hitze bis zur gewünschten Konsistenz köcheln lassen.
4. Zum Schluss 1 Prise Salz und den Zitronensaft dazugeben. Du kannst den Brei nach Belieben mit etwas Honig süßen, aber erst, sobald er Esstemperatur hat.

Gib eine Handvoll Mandeln auf den fertigen Brei.

Nimm statt Reisflocken Hirse- oder Gerstenflocken (evtl. abweichende Kochzeit und Flüssigkeitsmenge beachten) und ersetze den Mandeldrink zur Hälfte oder ganz durch Wasser.

Nimm mehr Ingwer, um Deine Verdauung stärker anzuheizen. Optional kannst Du auch etwas schwarzen Pfeffer oder Trikatu hinzugeben.

Variationen

Gib anstelle der Rosinen einen Apfel, eine Birne oder auch etwas Mango dazu. Du kannst das Obst klein geschnitten am Ende des Garvorgangs einfach in den Brei geben und ein paar Minuten mitköcheln lassen. Oder Du dünstest das Obst separat, wie beispielsweise den Apfel von Seite 54.

Wandelbarer Hirsebrei

Hirse ist ein leicht verdauliches Getreide voller wertvoller Nährstoffe. Es ist ideal für Dich, wenn Du eine träge Verdauung hast oder Gewicht reduzieren möchtest. Aber auch für alle anderen Verdauungstypen funktioniert das Rezept top, wenn Du es etwas anpasst. Mehr dazu findest Du bei den Hinweisen zu den Verdauungstypen.

FÜR 1 PORTION

1 TL Ghee
½ TL frischer Ingwer (geschält und gehackt)
¼ TL Zimt
¼ TL Kardamom
¼ TL Kurkuma
etwas Vanille (optional)
¼ Tasse Hirse
1 Handvoll Rosinen
¾ Tasse Mandeldrink
½ Birne (gewaschen, entkernt und klein geschnitten)
1 Spritzer Zitronensaft
Salz
Honig nach Belieben

ZUBEREITUNG

1. Das Ghee in einem kleinen Topf erhitzen und den Ingwer sowie die Gewürze darin bei mittlerer Hitze kurz anrösten.
2. Hirse, Rosinen und den Mandeldrink hinzufügen.
3. Die Mischung aufkochen lassen und bis zur gewünschten Konsistenz köcheln lassen.
4. Kurz vor Ende der Garzeit die klein geschnittene Birne dazugeben.
5. Den Hirsebrei mit dem Zitronensaft und 1 Prise Salz abschmecken und nach Belieben mit etwas Honig süßen (wenn er Esstemperatur hat).

Gib statt Rosinen ein paar Datteln dazu.

Gib etwas mehr Ingwer oder auch Trikatu dazu, um dem Brei ein bisschen Schärfe zu verleihen und Deinen Stoffwechsel optimal zu unterstützen.

Hirse ist ein trockenes Getreide. Gib deshalb ein bisschen mehr Mandeldrink und etwas mehr Ghee dazu, das gleicht die Trockenheit aus.

Hirse wirkt erhitzend. Gib etwas Vanille mit in den Brei und ein bisschen frische, fein geschnittene Minze obendrauf, um die Hitze auszugleichen.

Variationen

Diesen Frühstücksbrei kannst Du auch als herzhafte Variante kochen:

- Ersetze dafür die Vanille durch Kreuzkümmel und den Kardamom durch Koriander. Gib außerdem etwas klein geschnittenes Gemüse (z.B. Möhren oder Zucchini) und zum Schluss frische Kräuter dazu.
- Für eine schnellere Variante nimm Hirseflocken (evtl. abweichende Kochzeit beachten).

Leckerer Frühstücks-Dal

Mung Dal sind geschälte, halbierte Mungbohnen. Sie sind für Eiweiß extrem leicht verdaulich und für alle Verdauungstypen geeignet. Im Ayurveda machen wir aus ihnen zusammen mit Reis und Gemüse leckeres Kitchari, das klassische Detox-Gericht in der Mono-Diät. Aber auch einfach so sind sie sehr lecker und nahrhaft.

FÜR 1 PORTION

¼ Tasse Mung Dal
1 TL Ghee
½ TL frischer Ingwer (geschält und gehackt)
½ TL Kreuzkümmel
½ TL Koriander
¼ TL Fenchelsamen
¼ TL Kurkuma
1 ¼ Tassen Gemüsebrühe oder Wasser
Salz
schwarzer Pfeffer
1 Spritzer Zitronensaft
frische Kräuter, z.B. Petersilie, Koriandergrün, Basilikum (gewaschen und klein geschnitten)

ZUBEREITUNG

1. Mung Dal über Nacht in Wasser einweichen. In ein Sieb abgießen und gut abspülen.
2. Das Ghee in einem kleinen Topf erhitzen. Ingwer und Gewürze dazugeben und bei mittlerer Hitze kurz anrösten.
3. Mung Dal und die Gemüsebrühe oder das Wasser hinzufügen.
4. Die Mischung aufkochen lassen und zugedeckt bei schwacher Hitze etwa 20 Minuten köcheln lassen, bis das Mung Dal aufbricht und ein Großteil des Wassers verkocht ist.
5. Mit Salz, Pfeffer und dem Zitronensaft abschmecken. Mit den frischen Kräutern bestreuen.

↗ Iss Reis dazu und gib noch 1 TL Ghee obendrauf.

↘ Gib mehr Ingwer dazu oder etwas Trikatu.

Gib beim 1. Schritt 1 Msp. Asafoetida dazu für eine optimale Verdauung der Hülsenfrüchte.

Variationen

Gib beim 2. Schritt etwas Gemüse dazu, z.B. Möhren, Süßkartoffeln oder auch Blattgemüse wie Blattspinat. Blattgemüse erst kurz vor Ende der Garzeit hinzufügen.

Easy Quinoa-Gemüse-Frühstück

Quinoaflocken sind super, wenn es morgens schnell gehen muss. Quinoa ist sehr leicht verdaulich, belastet Deine Verdauung nicht und ist zusammen mit süßer Wurzel oder bitterem Blattgemüse das optimale Detox-Gericht. Lecker ist es auch als süße Variante mit Obst.

FÜR 1 PORTION

1–2 TL Ghee
½ TL frischer Ingwer (geschält und gehackt)
¼ TL Kurkuma
½ TL Kreuzkümmel
½ Möhre (geschält und klein geschnitten)
½ Zucchini (gewaschen und klein geschnitten)
¼ kleine Fenchelknolle (gewaschen, geputzt und klein geschnitten)
etwas Fenchelgrün (gewaschen und klein geschnitten)
½ Tasse Quinoaflocken
⅓ TL Salz
1 Spritzer Zitronensaft
½ TL frischer Dill (gewaschen und klein geschnitten)

ZUBEREITUNG

1. Das Ghee in einem Topf erhitzen. Ingwer, Kurkuma und Kreuzkümmel darin bei mittlerer Hitze kurz anrösten.
2. Das vorbereitete Gemüse (ohne das Fenchelgrün) kurz mit andünsten.
3. Den Deckel auflegen und das Gemüse bei schwacher Hitze 5 Minuten weiterdünsten.
4. Die Quinoaflocken, 1 Tasse Wasser und das Salz dazugeben. Alles kurz aufkochen und den Herd dann auf schwache Hitze runterschalten.
5. Unter Rühren weitergaren, bis die Quinoaflocken das Wasser aufgenommen haben.
6. Alles 5 Minuten ruhen lassen, dann Zitronensaft, Dill und das Fenchelgrün dazugeben. Die Mischung mit einer Gabel auflockern.

↗ Gib zum Schluss eine Handvoll geröstete Mandeln und etwas Ghee dazu.

↘ Gib etwas mehr Schärfe dazu, z.B. mehr Ingwer, schwarzen Pfeffer oder Trikatu.

Für alle Verdauungstypen gut geeignet.

Variationen

- Probiere es auch mal mit anderem Gemüse oder mit Obst. Wenn Du Obst nimmst, ersetze den Kreuzkümmel durch Zimt und gib statt Dill und Fenchelgrün frische Minze dazu.
- Koch die doppelte Menge und iss dieses Gericht als Mittagsmahlzeit mit Hülsenfrüchten (Mung Dal oder rote Linsen).

Gewürzreis
MIT WARMEM APFEL

Gewürzreis ist eine beliebte Beilage in der ayurvedischen Küche. In Kombination mit gedünstetem Obst erhältst Du ein locker-leichtes Detox-Frühstück.

FÜR 1 PORTION

¼ Tasse Basmatireis (gründlich gewaschen)
1 Kardamomkapsel
1 Sternanis
1 Zimtstange
Salz
1 TL Ghee
½ TL Ingwer (geschält und klein gehackt)
2 Nelken
½ TL Zimt
2 süße Äpfel (gewaschen, entkernt und klein geschnitten)
1 Handvoll Rosinen
1 Spritzer Zitronensaft

ZUBEREITUNG

1. Den Reis mit Kardamomkapsel, Sternanis, Zimtstange und 1 Prise Salz in ½ Tasse Wasser in einem Topf aufkochen.

2. Die Hitze reduzieren und den Reis zugedeckt etwa 15 Minuten köcheln lassen, bis er das Wasser aufgenommen hat. 5 Minuten ruhen lassen, dann die Gewürze entfernen.

3. Inzwischen das Ghee in einem Topf erhitzen. Den Ingwer und die übrigen Gewürze bei mittlerer Hitze darin anrösten.

4. Äpfel, Rosinen und 1 EL Wasser dazugeben und alles aufkochen.

5. Den Gewürzreis bei schwacher Hitze etwa 5 Minuten köcheln lassen. Zum Schluss mit dem Zitronensaft abschmecken.

Gib zum Schluss etwas warmen Mandeldrink und noch 1 TL Ghee zum Reis.

Nimm statt Basmatireis Gerstengraupen oder Buchweizen (abweichende Kochzeit und Flüssigkeitsmenge beachten).

Gib die Rosinen erst am Schluss dazu und nimm etwas mehr Ingwer, das kurbelt Deine Verdauung an.

Variationen

Den Gewürzreis kannst Du als Frühstück auch in Kombination mit gedünstetem Gemüse oder mittags als Beilage essen.

Quinoabrei
MIT TRAUBENCHUTNEY

Im Ayurveda werden dunkle Trauben als Stärkungs- bzw. Verjüngungsmittel (Rasayana) gerne nach Krankheit, körperlicher oder geistiger Überlastung eingesetzt. Sie wirken befeuchtend auf den Körper, kurbeln den Stoffwechsel an und sind leicht verdaulich. Das Tolle an einem Chutney ist, dass alle sechs Geschmacksrichtungen enthalten sind.

FÜR 1 PORTION

Für das Traubenchutney
1 TL Ghee
1 EL frischer Ingwer (geschält und gehackt)
2 Tassen süße dunkle Trauben (gewaschen)
2 Zweige Rosmarin (Nadeln abgezupft, gewaschen und gehackt; ersatzweise ¼ EL getrockneter Rosmarin)
1 Spritzer Zitronensaft · Salz

Für den Quinoabrei
¼ Tasse Quinoa (gründlich gewaschen)
½ TL Zimt
¼ TL Kardamom
½ TL Koriander
1 Sternanis (optional)
¾ Tasse Mandeldrink
1 Spritzer Zitronensaft · Salz

ZUBEREITUNG

1. Für das Chutney das Ghee in einem Topf erhitzen und den Ingwer darin andünsten.
2. Trauben und Rosmarin dazugeben und die Mischung aufkochen.
3. Das Chutney offen etwa 30 Minuten köcheln lassen, bis die Flüssigkeit eingekocht ist und es eine marmeladeähnliche Konsistenz hat.
4. Das Chutney mit dem Zitronensaft und Salz abschmecken.
5. Inzwischen für den Brei Quinoa und Gewürze im Mandeldrink aufkochen und zugedeckt bei schwacher Hitze etwa 15 Minuten köcheln lassen.
6. Den Sternanis entfernen. Den Brei mit dem Zitronensaft und Salz abschmecken.

Gib zum Schluss ein paar Mandeln oder Cashewkerne dazu.

Nimm statt Mandeldrink Wasser.

Koche den Brei mit etwas mehr Flüssigkeit, das wirkt der Trockenheit entgegen. Gib beim 1. Schritt 1 Msp. Asafoetida zum Chutney.

Nimm beim Chutney etwas weniger Ingwer.

Gib beim 2. Schritt 1 rote Zwiebel (geschält und gehackt) dazu oder nimm mehr Ingwer.

Variationen

- Du kannst den Brei auch mit anderem Obst kombinieren, z.B. mit gedünstetem Apfel, Birne oder auch mit Trockenobst.
- Das Chutney passt auch super zur Bowl auf Seite 66 oder zum Gewürzreis auf Seite 54.

Amaranth-Porridge

Aufgrund seiner trockenen, leichten Eigenschaften ist Amaranth das optimale „Getreide“ für den trägen Verdauungstyp. Im Frühjahr ist dieses Rezept eine gute Alternative zu Haferporridge. Amaranth hilft, Verschleimungen loszuwerden, und wirkt entwässernd.

FÜR 1 PORTION

1 TL Ghee
½ TL frischer Ingwer (geschält und gehackt)
¼ TL Vanille
5 EL Amaranth (gründlich in einem feinmaschigen Sieb gewaschen)
¾ Tasse Reisdrink
½ reife Mango (in Scheiben geschnitten)
¼ TL Kardamom
Salz
1 Spritzer Zitronensaft

ZUBEREITUNG

1. Das Ghee in einem kleinen Topf erhitzen und den Ingwer sowie die Vanille darin andünsten.
2. Den Amaranth und den Reisdrink dazugeben und aufkochen.
3. Den Porridge zugedeckt bei schwacher Hitze etwa 30 Minuten köcheln lassen, bis er die gewünschte Konsistenz hat.
4. Inzwischen die Mangostücke mit 1 EL Wasser und dem Kardamom erhitzen. Bei schwacher Hitze 5 Minuten köcheln lassen.
5. Den Brei mit 1 Prise Salz und dem Zitronensaft würzen. Mit den Mangoscheiben servieren.

↗ Gib etwas mehr Ghee dazu.

↘ Ersetze die Hälfte des Reisdrinks durch Wasser.

Koche den Brei mit etwas mehr Flüssigkeit, das wirkt der Trockenheit entgegen.

Variationen

Nimm statt der Mango einen Apfel oder eine Birne.

Fenchel-Möhren-Pfanne

Fenchel ist voller ätherischer Öle, die die Verdauung stärken und Magen und Darm beruhigen. Er ist leicht verdaulich und wirkt reinigend und entwässernd. Zusammen mit den Möhren ergibt es ein optimales Detox-Gericht. Dazu passt Basmatireis.

FÜR 1 PORTION

1 TL Ghee
½ TL frischer Ingwer (geschält und gehackt)
½ TL Koriander
¼ TL Kreuzkümmel
¼ TL Fenchelsamen
¼ TL Zimt
1–2 mittelgroße Möhren (geschält und klein geschnitten)
½ mittelgroße Fenchelknolle (geputzt und klein geschnitten)
Salz
1 Spritzer Zitronensaft
1 Handvoll Rosinen
Fenchelgrün (gewaschen und klein geschnitten)

ZUBEREITUNG

1. Das Ghee in einem Topf erhitzen und den Ingwer sowie die Gewürze darin bei mittlerer Hitze kurz anrösten.
2. Möhren und Fenchel dazugeben und kurz andünsten.
3. Alles mit 4 EL Wasser ablöschen, aufkochen und zugedeckt bei schwacher Hitze 10 Minuten köcheln lassen, bis das Gemüse gar ist.
4. Das Gemüse mit Salz und Zitronensaft abschmecken, mit Basmatireis servieren und mit den Rosinen und dem Fenchelgrün bestreuen.

↗ Für mehr Substanz nimm statt der Möhren Süßkartoffel.

↘ Iss das Gemüse mit einem leichteren Getreide, z.B. mit Quinoa oder Gerste statt Basmatireis.

Gib ein bisschen mehr Schärfe in Form von Ingwer, Pfeffer oder auch Trikatu dazu, das kurbelt Deine Verdauung an.

Variationen

- Wenn Du keinen Fenchel magst, ersetze ihn durch anderes Gemüse, z.B. Blattspinat oder Mangold. Blattgemüse erst zum Ende der Kochzeit dazugeben, es ist sehr schnell gar.
- Wenn Du die Pfanne mittags isst, mach Dir eine Portion Eiweiß, zum Beispiel den Mung Dal (Rezept Seite 50) dazu, damit Du satt wirst.

Grüner Mangold-Dal

Mungbohnen sind eine beliebte Zutat in der ayurvedischen Küche. Da sie leicht verdaulich sind und einen reinigenden Effekt auf den Darm haben, werden sie auch gerne beim Detoxen verwendet, z.B. in Form von Kitchari, dem klassischen Detox-Gericht. Mungbohnen haben einen hohen Proteingehalt und eignen sich für alle Verdauungstypen. Hier verwenden wir ganze grüne Mungbohnen.

FÜR 1 PORTION

¼ Tasse grüne Mungbohnen
1 TL Ghee
1½ TL frischer Ingwer (geschält und gehackt)
½ TL Koriander
½ TL Kreuzkümmel
½ TL Kurkuma
½ TL gelbe Senfsamen (optional)
1 Msp. Asafoetida
1¼ Tassen Gemüsebrühe oder Wasser
2–3 Stiele Mangold (gewaschen und klein geschnitten/Stiele und Blätter separat)
Salz
schwarzer Pfeffer
1 Spritzer Zitronensaft
gekochter Reis oder Getreide als Beilage (optional)

ZUBEREITUNG

1. Die Mungbohnen über Nacht in Wasser einweichen. In ein Sieb abgießen und gut abspülen.
2. Das Ghee in einem Topf erhitzen. Den Ingwer und die Gewürze (Senfsamen nach Belieben) darin bei mittlerer Hitze anrösten.
3. Die Mungbohnen und die Gemüsebrühe oder das Wasser dazugeben und aufkochen.
4. Alles zugedeckt bei schwacher Hitze etwa 30 Minuten köcheln lassen, bis die Mungbohnen zerfallen. Etwa 5 Minuten vor Ende der Garzeit die Mangoldstiele hinzufügen.
5. Zum Schluss die Mangoldblätter dazugeben. Das Gericht noch 2 Minuten köcheln lassen und mit Salz, Pfeffer und Zitronensaft abschmecken.

Für mehr Substanz gib beim 2. Schritt noch 1 Handvoll Süßkartoffelwürfel dazu.

Wähle als Beilage ein leichtes Getreide wie Hirse oder Gerste.

Lass das Asafoetida und die Senfsamen weg.

Variationen

Ersetze den Mangold durch anderes Blattgemüse, z.B. Blattspinat, und ein Wurzelgemüse. Gib etwas Reis oder gekochtes Getreide dazu. Nimm statt ganzer grüner Mungbohnen die geschälten halbierten (Mung Dal) oder rote Linsen, dann verringert sich die Garzeit um etwa 15 Minuten.

Brokkoli-Möhren-Eintopf

Eintöpfe gelten im Ayurveda als sehr gut verdaulich, weil sich die Zutaten im Topf schon „kennengelernt" haben. Brokkoli und Möhren sind super zum Abnehmen. Tipps für Variationen mit anderen Gemüsesorten findest Du rechts.

FÜR 1 PORTION

1 TL Ghee
½ TL frischer Ingwer (geschält und gehackt)
½ TL Koriander
½ TL Kreuzkümmel
¼ TL Fenchelsamen
¼ TL Kurkuma
1 Msp. Asafoetida
2 mittelgroße Möhren (geschält und klein geschnitten)
1 Handvoll Brokkoliröschen (gewaschen und evtl. zerkleinert)
3 EL rote Linsen (gründlich abgespült)
2 Tassen Gemüsebrühe oder Wasser
1 Spritzer Zitronensaft
Salz
frische Kräuter, z. B. Petersilie (gewaschen und klein geschnitten)

ZUBEREITUNG

1. Das Ghee in einem Topf erhitzen. Den Ingwer und die Gewürze darin bei mittlerer Hitze anrösten.
2. Das Gemüse und die Linsen dazugeben, kurz andünsten und mit der Gemüsebrühe oder dem Wasser auffüllen.
3. Alles aufkochen und zugedeckt bei schwacher Hitze etwa 15 Minuten köcheln lassen, bis das Gemüse und die Linsen gar sind.
4. Mit dem Zitronensaft und Salz abschmecken und zum Schluss mit den frischen Kräutern bestreuen.

↗ Iss dazu eine Portion Reis oder Quinoa. Quinoa kannst Du auch beim 2. Schritt dazugeben und mitkochen.

↘ Der Eintopf ist ideal für Dich.

Weiche die Linsen über Nacht ein, dann sind sie besser verdaulich.

Ersetze die roten Linsen durch Mung Dal. Lass das Asafoetida weg.

Gib etwas Trikatu dazu oder schmecke zum Schluss kräftig mit schwarzem Pfeffer ab, er heizt der Verdauung ein.

Variationen

Nimm statt Brokkoli und Möhren andere Gemüsesorten, beispielsweise Pastinaken, Fenchel, Rote Bete oder Blumenkohl. Beachte, dass sich die Garzeiten eventuell ändern.

Bunte Bowl

Rote Bete ist nicht nur hübsch, sondern auch ein tolles Detox-Gemüse. Sie wird im Ayurveda aufgrund ihrer leber- und galleunterstützenden und reinigenden Wirkung geschätzt. Mit Süßkartoffel und grünen Bohnen ist die Bowl gerade im Herbst optimal. Sie erdet und wärmt Dich schön durch.

FÜR 1 PORTION

¼ Tasse Quinoa (gewaschen)
Salz
1 Handvoll Rote Bete (geschält, in 2–3 cm kleine Stücke geschnitten)
1 Handvoll Süßkartoffeln (geschält, in 2–3 cm kleine Stücke geschnitten)
1 Handvoll Buschbohnen (geputzt und halbiert)
2 EL Olivenöl
½ TL Kreuzkümmel
½ TL Koriander
¼ TL Fenchelsamen
1 TL frischer Ingwer (geschält und gehackt)
1 EL Zitronensaft
etwas Honig
¼ TL frisches Bohnenkraut (gewaschen und klein geschnitten)

ZUBEREITUNG

1. Die Quinoa mit der doppelten Menge Salzwasser in einen Topf geben und zugedeckt etwa 15 Minuten kochen. Dann 5 Minuten ruhen lassen.

2. Jedes Gemüse separat in Salzwasser zugedeckt etwa 5 Minuten gar kochen oder dämpfen.

3. Das Öl in einem Topf erhitzen und alle Gewürze (außer dem Bohnenkraut) sowie den Ingwer darin bei mittlerer Hitze anrösten. Abkühlen lassen.

4. Die Quinoa in eine Schale geben.

5. Die Gewürze in Öl mit Zitronensaft, Honig, Bohnenkraut und Salz zu einer Sauce vermischen und abschmecken. Das Gemüse neben der Quinoa anrichten und mit der Sauce beträufeln.

Gib noch eine Handvoll Mandelsplitter obendrauf.

Nimm statt Quinoa Gerste oder Hirse, lass die Süßkartoffel weg und nimm mehr Bohnen.

Gib beim 3. Schritt 1 Msp. Asafoetida dazu.

Gib etwas schwarzen Pfeffer zu der Sauce.

Italienischer Buchweizeneintopf

Buchweizen ist das perfekte Frühlingsgetreide, schmeckt aber natürlich das ganze Jahr über. Er wirkt trocknend, erhitzend und hilft dabei, Schleim und überschüssiges Wasser loszuwerden. Weil er so schnell gar ist, steht dieser Eintopf in 20 Minuten auf dem Tisch.

FÜR 1 PORTION

1 TL Ghee
¾ TL frischer Ingwer (geschält und gehackt)
½ TL Koriander
½ TL Kreuzkümmel
¼ TL Fenchelsamen
¼ mittelgroße Süßkartoffel (ca. 100 g, geschält und klein geschnitten)
2 mittelgroße Möhren (geschält und klein geschnitten)
½ Zucchini (gewaschen und klein geschnitten)
3 EL Buchweizen (gründlich gewaschen)
1 ½ Tassen Gemüsebrühe oder Wasser
¾ TL italienische Kräuter
Salz
schwarzer Pfeffer
1 Spritzer Zitronensaft
einige Blätter Basilikum (gewaschen und klein geschnitten)

ZUBEREITUNG

1. Das Ghee in einem Topf erhitzen und den Ingwer sowie alle Gewürze bei mittlerer Hitze darin kurz anrösten.
2. Gemüse und Buchweizen dazugeben und kurz andünsten. Die Brühe oder das Wasser und die italienischen Kräuter hinzufügen.
3. Alles aufkochen und zugedeckt bei schwacher Hitze etwa 15 Minuten köcheln lassen.
4. Mit Salz, Pfeffer und Zitronensaft abschmecken und mit dem Basilikum bestreuen.

↗ Gib etwas mehr Ghee und Süßkartoffeln dazu.

↘ Nimm statt der Süßkartoffel Kartoffel.

Buchweizen wirkt erhitzend auf Deine Verdauung. Nimm stattdessen beim 2. Schritt Quinoa.

Variationen

Koche den Eintopf auch mal mit anderem Gemüse oder Getreide. Lecker sind Fenchel, Kürbis oder Gelbe Bete. Zusätzlich zum Buchweizen kannst Du rote Linsen oder Mung Dal in den Eintopf geben, dann wird er noch sättigender.

Kürbis-Bohnen-Curry

Dieses Curry ist ein tolles Gericht für den Herbst. Der Kürbis wirkt erdend und die Gewürze wärmen uns, wenn es draußen langsam kälter und rauer wird. Für andere Jahreszeiten tausche einfach das Gemüse aus. Iss dazu eine Portion Getreide Deiner Wahl.

FÜR 1 PORTION

1 Handvoll blanchierte Mandeln
1 TL Ghee
1 TL frischer Ingwer (geschält und gehackt)
½ TL gelbe Senfsamen (ersatzweise Curry mild)
½ TL Kreuzkümmel
½ TL Koriander
¼ TL Kurkuma
1 Prise Asafoetida
¼ kleiner Hokkaido-Kürbis (gewaschen, entkernt und in Stücke geschnitten)
1 Handvoll grüne Bohnen (geputzt und klein geschnitten)
1 Spritzer Zitronensaft
Salz
schwarzer Pfeffer
Gartenkräuter (optional)

ZUBEREITUNG

1. Die Mandeln über Nacht in Wasser einweichen. In ein Sieb abgießen und gut abspülen. Mit ½ Tasse Wasser glatt pürieren.
2. Das Ghee in einem kleinen Topf erhitzen. Den Ingwer und die Gewürze darin bei mittlerer Hitze kurz anrösten.
3. Das Gemüse dazugeben und kurz andünsten.
4. Die Mandel-Wasser-Mischung hinzufügen und kurz aufkochen lassen. Alles bei schwacher Hitze etwa 15 Minuten weiterköcheln lassen. Zwischendurch bei Bedarf etwas Wasser dazugeben.
5. Das Curry mit Zitronensaft, Salz und Pfeffer abschmecken. Nach Belieben mit Kräutern bestreuen.

Dieses Rezept ist optimal für Dich. Iss eine Portion Reis dazu.

Lass die Mandeln weg.

Lass das Asafoetida und die Senfsamen weg.

Nimm statt Kürbis ein leichteres Gemüse, z.B. Blumenkohl.

Variationen

Mach das Curry auch mal mit Blumenkohl, Möhren oder einem anderen Gemüse Deiner Wahl. Lecker!

Warmer Buchweizen-Mungbohnen-Salat

Buchweizen ist ideal, wenn Du unter Wasseransammlungen leidest oder Dich schwer fühlst. Er hat eine entwässernde, wärmende, trocknende Wirkung auf den Körper und hilft, Schleim in den Atemwegen zu beseitigen. Deshalb eignet er sich für einen Detox im Frühjahr.

FÜR 1 PORTION

3 EL grüne Mungbohnen
3 EL Buchweizen (gründlich abgespült)
1 TL Ghee
1 TL frischer Ingwer (geschält und gehackt)
½ TL Koriander
½ TL Kreuzkümmel
¼ TL Zimt
1 Prise Asafoetida
2 Möhren (geschält und grob geraspelt)
1 Handvoll Rosinen
1 Spritzer Zitronensaft
Salz
frische Kräuter (optional)

ZUBEREITUNG

1. Die Mungbohnen über Nacht in Wasser einweichen. In ein Sieb abgießen und gut abspülen. Mit 1¼ Tassen Wasser in einem Topf aufkochen, dann zugedeckt bei schwacher Hitze etwa 15 Minuten köcheln lassen.

2. Den Buchweizen dazugeben und alles zugedeckt weitere 15 Minuten köcheln lassen.

3. Inzwischen das Ghee in einem kleinen Topf erhitzen und den Ingwer sowie die Gewürze darin anrösten. Dann die Möhrenraspel dazugeben und 5 bis 10 Minuten dünsten.

4. Wenn der Buchweizen und die Mungbohnen gar sind, evtl. überschüssiges Wasser abgießen. Die Möhren mit dem Buchweizen, den Mungbohnen und den Rosinen vermischen. Mit Zitronensaft und Salz abschmecken und nach Belieben mit Kräutern bestreuen.

Gib beim 3. Schritt etwas mehr Ghee dazu.

Das Rezept ist optimal für Dich.

Gib die Rosinen beim 4. Schritt dazu. Buchweizen wirkt austrocknend. Um Verstopfung vorzubeugen, iss ihn nicht ständig. Hier kannst Du ihn durch Basmatireis ersetzen.

Lass das Asafoetida weg. Buchweizen wirkt erhitzend. Um Deine Verdauung nicht zu überhitzen, solltest Du ihn nicht ständig essen. Eine Alternative hier wäre Quinoa.

Nimm etwas mehr Ingwer und schmecke mit schwarzem Pfeffer ab.

Variationen

Diesen Salat kannst Du auch mit einem anderen Getreide zubereiten, z.B. mit Hirse, Gerste, Basmatireis oder Quinoa (beachte evtl. abweichende Garzeiten). Auch das Gemüse kannst Du variieren. Probier mal Rote Bete und ein Blattgemüse wie Blattspinat. Gib das Blattgemüse erst kurz vor Ende der Garzeit dazu.

Cremige Gemüsesuppe

Zucchini ist ein Allround-Talent, das man für viele verschiedene Gerichte nehmen kann. Sie enthält viel Wasser, ist leicht verdaulich und eignet sich durch ihre feuchten Eigenschaften besonders, wenn Du Probleme mit Verstopfung hast. Gemeinsam mit Süßkartoffel wird sie hier zu einer leckeren, erdenden Suppe.

FÜR 1 PORTION

1 TL Ghee
½ TL frischer Ingwer (geschält und gehackt)
¼ TL Zimt
¼ TL Kurkuma
¼ TL Fenchelsamen
½ TL Kreuzkümmel
½ TL Koriander
½ mittelgroße Zucchini (gewaschen und klein geschnitten)
¼ mittelgroße Süßkartoffel (ca. 100 g, geschält und klein geschnitten)
1 Tasse Gemüsebrühe oder Wasser
Salz
schwarzer Pfeffer
1 Spritzer Zitronensaft
frische Kräuter (optional)

ZUBEREITUNG

1. Das Ghee in eiem Topf erhitzen und den Ingwer sowie die Gewürze darin bei mittlerer Hitze anrösten.

2. Zucchini und Süßkartoffel dazugeben und kurz andünsten.

3. Mit Gemüsebrühe oder Wasser ablöschen und zugedeckt bei schwacher Hitze etwa 10 Minuten köcheln lassen, bis das Gemüse gar ist.

4. Die Suppe pürieren, mit Salz, schwarzem Pfeffer und Zitronensaft abschmecken und nach Belieben mit frischen Kräutern bestreuen.

↗ Gib etwas gekochtes Getreide, z.B. Quinoa oder Reis, zur Suppe.

↘ Wenn Du Probleme mit Feuchtigkeit (Wasseransammlungen oder Schleim) hast, nimm statt Zucchini Brokkoli. Beachte die längere Garzeit.

Gib beim 1. Schritt 1½ TL Senfsamen dazu und schmecke außerdem großzügig mit schwarzem Pfeffer ab, um die feuchte Qualität der Zucchini auszugleichen und Deine Verdauung anzuheizen.

Fenchel-Pastinaken-Suppe
MIT APFEL

Fenchel und Pastinake sind leicht verdauliche Gemüse. Sie regen die Nierentätigkeit an, beruhigen durch ihre ätherischen Öle Magen und Darm und stärken die Verdauung. Dein Körper freut sich über die Unterstützung beim Detox.

FÜR 1 PORTION

1 TL Ghee
¾ TL frischer Ingwer (geschält und gehackt)
1 Nelke
½ TL Fenchelsamen
½ mittelgroße Fenchelknolle mit Grün (gewaschen, geputzt und klein geschnitten)
½ Pastinake (geschält und klein geschnitten)
½ Apfel (gewaschen, entkernt und klein geschnitten)
1¼ Tassen Gemüsebrühe oder Wasser
1 Spritzer Zitronensaft
Salz
schwarzer Pfeffer

ZUBEREITUNG

1. Das Ghee in einem kleinen Topf erhitzen. Den Ingwer und die Gewürze darin bei mittlerer Hitze anrösten.
2. Gemüse ohne Fenchelgrün und Apfel dazugeben, kurz andünsten und mit Gemüsebrühe oder Wasser ablöschen.
3. Alles zugedeckt bei schwacher Hitze etwa 15 Minuten köcheln lassen, bis das Gemüse gar ist.
4. Die Suppe mit dem Stabmixer pürieren und mit Zitronensaft, Salz und Pfeffer abschmecken. Zum Schluss mit dem Fenchelgrün bestreuen.

Gib etwas gekochtes Getreide, z.B. Quinoa oder Reis, in die Suppe.

Das Rezept ist optimal für Dich.

Gib beim 1. Schritt mehr Ingwer dazu und schmecke großzügig mit schwarzem Pfeffer ab.

Entspannende Kürbissuppe

Kürbis ist ein typisches Herbstgemüse. Wenn es draußen kühl und stürmisch wird, freut uns eine cremige Kürbissuppe. Sie beruhigt den Geist und lässt uns entspannen. Und die wärmenden Gewürze fördern die Verdauung. Das absolute Detox-Soulfood.

FÜR 1 PORTION

1 TL Ghee
1 TL frischer Ingwer (geschält und gehackt)
2 Nelken
1 TL Kreuzkümmel
2 TL Koriander
½ kleiner Butternut-Kürbis (ca. 250 g; geschält und in Würfel geschnitten)
1 Tasse Gemüsebrühe oder Wasser
1 Spritzer Zitronensaft
Salz
schwarzer Pfeffer
etwas Petersilie (gewaschen und klein geschnitten)

ZUBEREITUNG

1. Das Ghee in einem Topf erhitzen und den Ingwer sowie die Gewürze darin bei mittlerer Hitze anrösten.
2. Den Kürbis dazugeben, kurz andünsten und anschließend mit der Gemüsebrühe ablöschen.
3. Alles zugedeckt bei schwacher Hitze etwa 15 Minuten köcheln lassen, bis das Gemüse gar ist.
4. Die Nelken entfernen. Die Suppe mit dem Stabmixer pürieren und mit Zitronensaft, Salz und Pfeffer abschmecken. Mit der Petersilie bestreuen.

Gib etwas gekochtes Getreide, z.B. Quinoa oder Reis, in die Suppe.

Mach Dir ein Topping: Dünste etwas Chicorée oder Radicchio mit Zimt und Ghee in einer Pfanne an, lass es abkühlen und gib ein bisschen Honig dazu.

Lass beim 1. Schritt die Nelken weg.

Gib beim 4. Schritt noch 1 Msp. Trikatu dazu.

Süßkartoffel-Möhren-Suppe

Die Süßkartoffel ist sehr nahrhaft, und doch wirkt sie nicht beschwerend. Aufgrund ihrer vielen Ballaststoffe unterstützt sie die Verdauung und eine optimale Darmentleerung. Sie wirkt außerdem beruhigend und hält Dich lange satt.

FÜR 1 PORTION

2 TL Ghee
½ TL frischer Ingwer (geschält und gehackt)
¼ TL Zimt
½ TL Kreuzkümmel
½ TL Koriander
½ TL gelbe Senfsamen (ersatzweise Curry mild)
¼ TL Fenchelsamen
¼ TL Kurkuma
¼ mittelgroße Süßkartoffel (ca. 100 g, geschält und klein geschnitten)
1 Möhre (geschält und klein geschnitten)
1½ EL rote Linsen (gründlich gewaschen)
1⅓ Tassen Gemüsebrühe oder Wasser
Salz
schwarzer Pfeffer
1 Spritzer Zitronensaft
frische Kräuter (optional)

ZUBEREITUNG

1. Das Ghee in einem Topf erhitzen und den Ingwer sowie die Gewürze darin bei mittlerer Hitze anrösten.
2. Das Gemüse und die roten Linsen dazugeben, kurz andünsten und mit der Gemüsebrühe oder dem Wasser ablöschen.
3. Die Suppe zugedeckt bei schwacher Hitze etwa 15 Minuten köcheln lassen, bis das Gemüse gar ist.
4. Die Suppe mit dem Stabmixer pürieren, mit Salz, Pfeffer und Zitronensaft abschmecken und nach Belieben mit frischen Kräutern bestreuen.

↗ Das Rezept ist optimal für Dich.

↘ Nimm etwas weniger Süßkartoffel und dafür mehr Möhre. Sei großzügig mit den frischen Kräutern beim 4. Schritt.

Weiche die roten Linsen über Nacht ein, dann kannst Du sie besser verdauen.

Senfsamen haben viel Hitze und Schärfe. Lass sie einfach weg.

Nimm mehr Ingwer und schmecke großzügig mit schwarzem Pfeffer ab.

Suppentraum IN GRÜN

Brokkoli und Blattspinat sind sehr nährstoffreich und enthalten viele Ballaststoffe, die Dich lange satt machen und Deine Verdauung in Schwung bringen. Die Avocado bringt die Cremigkeit in diese Suppe. Wenn Du keine Avocado essen möchtest, dann ersetze sie durch eine Kartoffel.

FÜR 1 PORTION

1 TL Ghee
½ TL frischer Ingwer (geschält und gehackt)
½ TL Kreuzkümmel
½ TL Koriander
¼ TL Kurkuma
1 Msp. Asafoetida
½ mittelgroßer Brokkoli (ca. 150 g, gewaschen, geputzt und in Röschen zerteilt)
1½ Tassen Gemüsebrühe oder Wasser
1–2 Handvoll Babyspinat
¼ Avocado (in kleine Stücke geschnitten)
Salz
schwarzer Pfeffer
1 Spritzer Zitronensaft
etwas frischer Dill

ZUBEREITUNG

1. Das Ghee in einem Topf erhitzen und den Ingwer sowie die Gewürze darin bei mittlerer Hitze anrösten.
2. Den Brokkoli kurz mit andünsten und mit der Gemüsebrühe oder dem Wasser ablöschen.
3. Den Brokkoli zugedeckt bei schwacher Hitze köcheln lassen, bis er richtig weich geworden ist.
4. Den Spinat und die Avocadowürfel dazugeben und die Suppe mit dem Stabmixer pürieren. Mit Salz, Pfeffer und Zitronensaft abschmecken, evtl. noch etwas Wasser dazugeben. Mit dem Dill bestreuen.

↗ Gib etwas gekochten Reis oder Getreide zur Suppe.

↘ Lass die Avocado weg und ersetze sie durch eine Kartoffel.

Lass einfach das Asafoetida weg.

Lass die Avocado weg, sie macht Deine Verdauung noch träger. Ersetze sie durch eine Kartoffel, nimm mehr Ingwer und schmecke großzügig mit schwarzem Pfeffer ab, um Deiner Verdauung einzuheizen.

Ofengemüse
MIT CASHEW-KURKUMA-SAUCE

Ofengemüse geht einfach immer. Lass Deiner Fantasie freien Lauf. Du kannst das Rezept nach Geschmack, Jahreszeit und Verdauungstyp variieren. Und das Beste: Es kocht sich von ganz alleine.

FÜR 1 PORTION

Für das Gemüse
1 Möhre (geschält und klein geschnitten)
⅓ Süßkartoffel (geschält und klein geschnitten)
½ Zucchini (gewaschen und klein geschnitten)
1 Handvoll Brokkoli (gewaschen, geputzt, die Röschen evtl. zerteilt)
½ Fenchelknolle (gewaschen, geputzt und klein geschnitten)
2 EL Öl
1 TL Kreuzkümmel
1 TL Koriander
⅓ TL gemahlener Ingwer
¼ TL Kurkuma
½ TL italienische Kräuter (optional)
½ TL Salz

Für die Sauce
2 EL Zitronensaft
2 geh. TL Cashewmus
1 Msp. Kurkuma · ¼ TL Salz

ZUBEREITUNG

1. Für das Gemüse den Backofen auf 180 °C Ober-/Unterhitze (160 °C Umluft) vorheizen. Das Gemüse mit dem Öl und den Gewürzen in einer Schüssel gut vermischen.

2. Das Gemüse auf einem Backblech verteilen und im Ofen auf der mittleren Schiene etwa 20 Minuten weich garen.

3. Für die Sauce den Zitronensaft, das Cashewmus und die Kurkuma mit 4 EL warmem Wasser glatt rühren und mit Salz abschmecken.

4. Das Gemüse aus dem Ofen nehmen und mit der Sauce servieren.

Nimm mehr süße und Wurzelgemüse wie Süßkartoffel, Kartoffel und Kürbis. Und gib 1 EL Öl mehr dazu.

Nimm mehr trockene Gemüse wie Blumenkohl, Brokkoli oder Spargel. Tausche die Sauce gegen das Chutney von Seite 56 aus.

Gib noch 1 Msp. Asafoetida dazu.

Nimm für die Sauce Limetten- statt Zitronensaft.

Schmecke großzügig mit schwarzem Pfeffer ab.

Variationen

Wähle das Gemüse nach Saison aus und probiere auch mal andere Gewürze.

Gefüllter Ofenkürbis

Kürbis aus dem Ofen ist eine unserer liebsten Köstlichkeiten. Wahrscheinlich, weil er besonders ausgleichend für den sensiblen und den heißen Verdauungstyp wirkt. Gebackener Hokkaido ist wirklich erdend. Nur der träge Verdauungstyp muss ein bisschen aufpassen, um nicht zu schwer zu werden. Für ihn gibt es natürlich unten Vorschläge.

FÜR 1 PORTION

¼ mittelgroßer Hokkaido-Kürbis (gewaschen und entkernt)
1–2 EL Öl
Salz
2 TL Ghee
1 TL frischer Ingwer (geschält und gehackt)
1 TL Kreuzkümmel
½ TL Koriander
1 Msp. Asafoetida
2 kleine Frühlingszwiebeln (gewaschen und klein geschnitten)
1 Möhre (geschält und klein geschnitten)
¼ Tasse Quinoa (gründlich gewaschen)
½ Tasse Gemüsebrühe
1 Handvoll Babyspinat
1 Handvoll Rosinen
1 Spritzer Zitronensaft
schwarzer Pfeffer

ZUBEREITUNG

1. Den Backofen auf 220 °C Ober-/Unterhitze (200 °C Umluft) vorheizen. Den Kürbis mit dem Öl einpinseln, etwas salzen und auf ein eingeöltes oder mit Backpapier belegtes Backblech setzen. Im Ofen auf der mittleren Schiene etwa 30 Minuten backen.

2. Inzwischen das Ghee in einem Topf erhitzen und den Ingwer sowie die Gewürze darin bei mittlerer Hitze anrösten.

3. Gemüse, Quinoa und die Gemüsebrühe dazugeben, aufkochen lassen und alles bei schwacher Hitze 15 Minuten köcheln lassen.

4. Kurz vor Ende der Kochzeit den Spinat und die Rosinen unterrühren. Die Mischung mit Zitronensaft, Salz und Pfeffer abschmecken.

5. Das Kürbisviertel aus dem Ofen nehmen und mit der Gemüse-Quinoa-Mischung füllen.

Gib beim 4. Schritt noch etwas Öl obendrauf oder mach Dir die Cashew-Kurkuma-Sauce von Seite 84 dazu.

Ersetze den Kürbis durch ½ bis 1 ausgehöhlte Aubergine (das Innere kannst Du beim 3. Schritt dazugeben) und lass beim Backen das Öl weg. Backzeit etwa 20 Minuten.

Gib die Rosinen schon beim 3. Schritt dazu. Gib beim 4. Schritt etwas Öl oder Ghee obendrauf.

Lass die Frühlingszwiebeln und das erhitzende Asafoetida einfach weg.

Gib mehr Schärfe rein, z.B. mehr Ingwer, und schmecke großzügig mit schwarzem Pfeffer ab.

MONO-DETOX
MEDIUM LEVEL

Mono-Detox mit Kitchari ist der absolute Klassiker im Ayurveda. Du isst mehrere Tage hintereinander einfach das Gleiche: Kitchari. Das ist DAS traditionelle ayurvedische Detox-Gericht, ein Eintopf aus Reis und Mung Dal, Gemüse und verschiedenen Gewürzen.

DAS PRINZIP

In der Going-Deep-Phase Deiner Detox-Woche isst Du Kitchari dreimal täglich. Durch die superleichte, gleichförmige, monotone Ernährung entlastest Du Deinen Stoffwechsel maximal und förderst die Entgiftung. Gleichzeitig bekommt Dein Körper alles, was er braucht, sodass Du Dich nicht geschwächt fühlst. Kitchari ist – wenn Du ein paar Besonderheiten beachtest – besonders gut für einen nährenden Detox geeignet, oder wenn es draußen kalt ist. Die ausgewogene Mischung aus etwa einem Drittel Reis (oder ein anderes Getreide), einem Drittel Hülsenfrüchte (beispielsweise Mung Dal oder andere Hülsenfrüchte als Eiweißlieferanten), einem Drittel Gemüse, dazu wenig Fett (zum Beispiel Ghee) und Gewürze bietet eine optimale Zusammensetzung von Nährstoffen und gleichzeitig genug Eiweiß, um den Blutzucker stabil zu halten. Außerdem ist es grundsätzlich für jeden Verdauungstyp geeignet, weil es alle drei ins Gleichgewicht bringt.

DER ABLAUF

- Als **Easy In** machst Du zwei Tage lang Simple Detox (siehe Seite 44), also Clean Eating. Außerdem lässt Du alle Gifte und Genussmittel weg, um Deinen Körper auf den Detox einzustimmen.
- Während der **Going-Deep-Phase** isst Du drei Tage lang nur Kitchari. Am besten kochst Du morgens einen großen Topf und isst dann zum Frühstück, Mittagessen und Abendessen eine Portion. Ideal ist es, dabei die Portionsgrößen dem Verdauungsfeuer anzupassen (also mittags die Hauptportion und morgens und abends eine kleinere Portion). Zwischen den Mahlzeiten am besten nichts essen.
- Zum **Easy Out** machst Du anschließend wieder zwei Tage normales Simple Detox, um Deinen Körper wieder auf andere Nahrung einzustimmen. Halte Dich daneben auch an die 9 goldenen Detox-Empfehlungen (siehe Seite 28).

Im folgenden Rezeptteil findest Du ein Basis-Rezept, drei herzhafte und eine süße Kitchari-Variante und alle Informationen für Reduktion oder zum Nähren. Du kannst nämlich über das Verhältnis zwischen Getreide und Hülsenfrucht steuern, ob das jeweilige Kitchari eher das Zunehmen, Abnehmen oder auch Gewichthalten fördert. Für die Easy-In- und -Out-Phase nutzt Du die Rezepte des Simple Detox (siehe ab Seite 46).

MONO-DETOX AUF EINEN BLICK

WAS: Entgiftung und Entlastung der Verdauung und des Stoffwechsels durch leicht verdauliche und gleichförmige Ernährung.

FÜR WEN UND WANN GEEIGNET:

- Medium Level für alle Verdauungstypen, besonders den sensiblen Verdauungstyp
- Für Nähren auch bei Schwächezuständen oder wenn Du schwanger bist oder stillst
- Mit Anpassungen auch für Reduktion
- Gut in den Alltag integrierbar, in der Regel gutes Energielevel

SCHEMA FÜR EINE WOCHE: 2 Tage Easy In + 3 Tage Going Deep + 2 Tage Easy Out

POTENZIELLE HERAUSFORDERUNGEN

Einige, besonders der sensible Verdauungstyp, können durch den Mono-Detox Verstopfung bekommen. Lies hierzu die Tipps auf Seite 34/35. Bei vielen kommt gegen Ende der Going-Deep-Phase das „Ich kanns nicht mehr sehen"-Syndrom. Wir haben das Gefühl, das Kitchari kommt uns zu den Ohren raus. Oft hilft es, bei der nächsten Mahlzeit trotzdem noch mal Kitchari zu essen und zu beobachten, wie Dein Körper reagiert. Meist ist es nämlich nur unser Verstand, der nach Abwechslung lechzt, aber unser Körper freut sich eigentlich über die Monotonie und die leichte Arbeit bei der Verdauung. Dann verschwindet das Gefühl wieder. Wenn aber auch Dein Körper keinen Bock mehr hat, kannst Du versuchen, das Kitchari entweder aufzupimpen, indem Du andere Zutaten dazugibst, beispielsweise ein paar Rosinen für Süße oder ein anderes Gemüse. Oder Du nimmst Deine Abwehr als Zeichen, langsam mit der Easy-Out-Phase zu starten.

Mung Dal und Mungbohnen

Bei Mung Dal handelt es sich um geschälte und halbierte Mungbohnen. Während die ganzen Mungbohnen grün sind, ist Mung Dal gelb. Wir verwenden beide Produkte in unseren Rezepten. Du bekommst sie im Bio- oder Asialaden.

Kitchari Basis-Rezept

Kitchari ist das klassische Ayurveda-Detox-Gericht. Es nährt, enthält alles, was der Körper braucht, und ist gleichzeitig extrem leicht verdaulich. Dieses Rezept ist für einen Detox-Tag (also drei Portionen) ausgelegt, so musst Du nur einmal am Tag kochen. Bereite morgens einen großen Topf zu und mach Dir zu den Mahlzeiten eine Portion warm.

FÜR 3 PORTIONEN

⅓ Tasse Mung Dal
2 EL Ghee
1 geh. TL frischer Ingwer (geschält und gehackt)
1 geh. TL Koriander
1 geh. TL Kreuzkümmel
½ TL Kurkuma
1 geh. TL Fenchelsamen
⅓ Tasse Basmatireis (gründlich gewaschen)
250 g Gemüse (Wurzel- und Blattgemüse, gewaschen, geschält und klein geschnitten)
Salz
1 Spritzer Zitronensaft
schwarzer Pfeffer (optional)

ZUBEREITUNG

1. Mung Dal über Nacht in Wasser einweichen. In ein Sieb abgießen und gut abspülen.

2. Das Ghee in einem großen Topf erhitzen und den Ingwer sowie die Gewürze darin kurz bei mittlerer Hitze anrösten. Mung Dal, Reis und das Wurzelgemüse dazugeben und andünsten.

3. Mit 2 Tassen Wasser auffüllen und aufkochen. Alles bei schwacher Hitze etwa 25 Minuten köcheln lassen. Falls nötig, zwischendurch etwas Wasser nachfüllen.
   Wichtig: Nicht mehr umrühren, sonst tritt Stärke aus dem Reis aus, klebt am Boden, und das Gericht brennt an.

4. Das Blattgemüse 5 Minuten vor Ende der Garzeit dazugeben. Wenn die Linsen weich sind, das Kitchari mit Salz, Zitronensaft und nach Belieben schwarzem Pfeffer abschmecken.

↗ Verändere das Verhältnis Mung Dal zu Reis. Nimm 1 Teil Mung Dal und 2 Teile Reis.

↘ Verändere das Verhältnis Mung Dal zu Reis. Nimm 2 Teile Mung Dal und 1 Teil Reis.

Gib beim 1. Schritt einfach 1 Msp. Asafoetida dazu.

Variationen

Wenn Du es gerne süß magst, gib noch Zimt und ein paar Rosinen dazu. Variiere öfter mal das Gemüse, dann wird es nicht so schnell langweilig. Du kannst z.B. Möhre, Süßkartoffel, Kartoffel, Kürbis, Rote oder Gelbe Bete, Zucchini, Blattspinat, Mangold, Grünkohl oder Spitzkohl nehmen.

Süßes Kitchari

Hier ist eine süße Kitchari-Variante für alle, denen ein herzhaftes Frühstück nicht so zusagt oder die sich etwas Abwechslung wünschen. Mit diesem Rezept kannst Du bei Kitchari bleiben und trotzdem süß frühstücken.

FÜR 1 PORTION

2 EL Mung Dal
1 TL Ghee
½ TL frischer Ingwer (geschält und gehackt)
½ TL Zimt
¼ TL Kardamom
1 Msp. Kurkuma
2 EL Basmatireis (gründlich gewaschen)
1 Apfel (gerieben oder sehr klein geschnitten)
1 Handvoll Rosinen
Salz
1 Spritzer Zitronensaft
etwas Honig (optional)

ZUBEREITUNG

1. Mung Dal über Nacht in Wasser einweichen. In ein Sieb abgießen und gut abspülen.

2. Das Ghee in einem großen Topf erhitzen und den Ingwer sowie die Gewürze darin bei mittlerer Hitze anrösten. Mung Dal, Reis und den Apfel dazugeben und andünsten.

3. Mit 1¼ Tassen Wasser auffüllen, bis alles gut bedeckt ist. Aufkochen und etwa 25 Minuten bei schwacher Hitze köcheln lassen. Falls nötig, zwischendurch etwas Wasser nachfüllen.
   Wichtig: Nicht mehr umrühren, sonst tritt Stärke aus dem Reis aus, klebt am Boden, und das Gericht brennt an.

4. Wenn das Mung Dal und der Reis weich sind, das Kitchari mit Salz, Zitronensaft und nach Belieben mit Honig abschmecken.

↗ Verändere das Verhältnis Mung Dal zu Reis. Nimm 1 Teil Mung Dal und 2 Teile Reis. Nimm außerdem statt der Rosinen ein paar klein geschnittene Datteln.

↘ Verändere das Verhältnis Mung Dal zu Reis. Nimm 2 Teile Mung Dal und 1 Teil Reis.

Gib beim 1. Schritt ein bisschen mehr Schärfe rein, z.B. mehr Ingwer oder einen Sternanis.

Variationen

Nimm einfach statt des Apfels eine Birne. Die Rosinen kannst Du gegen Datteln tauschen. Streue zum Schluss ein paar Granatapfelkerne auf das Kitchari.

Grüne Kitchari-Suppe

Dieses Kitchari ist flüssiger als das Basis-Rezept. Wenn Du Dein Essen nicht so gerne breiig magst, ist das Rezept eine gute Alternative für Dich. Die ganzen grünen Mungbohnen in dieser Suppe sorgen dafür, dass es mehr zu kauen gibt.

FÜR 1 PORTION

¼ Tasse grüne Mungbohnen
2 EL Ghee
⅓ TL frischer Ingwer (geschält und gehackt)
¾ TL Kreuzkümmel
¾ TL Curry mild
¼ Tasse Basmatireis (gründlich gewaschen)
2 mittelgroße Möhren (geschält und klein geschnitten)
¼ kleiner Knollensellerie (geschält und klein geschnitten)
¼ Stange Lauch (geputzt, gewaschen und klein geschnitten)
Salz

ZUBEREITUNG

1. Die Mungbohnen über Nacht in Wasser einweichen. In ein Sieb abgießen und gut abspülen.
2. Das Ghee in einem großen Topf erhitzen und den Ingwer sowie die Gewürze darin bei mittlerer Hitze anrösten. Mungbohnen, Reis, Möhren, Sellerie und Lauch dazugeben und unter Rühren andünsten.
3. Mit 3½ Tassen Wasser auffüllen, bis alles gut bedeckt ist. Aufkochen und zugedeckt bei schwacher Hitze etwa 25 Minuten köcheln lassen. Falls nötig, zwischendurch etwas Wasser nachfüllen.
4. Wenn die Mungbohnen weich sind, die Kitchari-Suppe mit Salz abschmecken.

↗ Verändere das Verhältnis von Mungbohnen zu Reis. Nimm 1 Teil Mungbohnen und 2 Teile Reis. Verwende Süßkartoffel statt Möhren.

↘ Verändere das Verhältnis Mungbohnen zu Reis. Nimm 2 Teile Mungbohnen und 1 Teil Reis.

Gib beim 1. Schritt noch 1 Msp. Asafoetida für Dein Verdauungsfeuer dazu.

Gib beim 1. Schritt ein bisschen mehr Schärfe dazu, z. B. mehr Ingwer, und schmecke großzügig mit schwarzem Pfeffer ab.

Modernes Quinoa-Kitchari

Klassisch wird Kitchari mit Reis gekocht. Du kannst es aber auch mit anderen Getreidesorten oder Pseudogetreide machen und so die Wirkweise anpassen. Dieses Rezept ist ideal für den Sommer. Kühlende Gewürze, Gemüse und Quinoa sorgen für Abkühlung und beruhigen den heißen Stoffwechseltyp. Variationen für die anderen Typen findest Du unten.

FÜR 3 PORTIONEN

¼ Tasse Mung Dal
2 EL Ghee
½ TL frischer Ingwer (geschält und gehackt)
1 geh. TL Koriander
1 geh. TL Kreuzkümmel
1 geh. TL Kurkuma
1 geh. TL Fenchelsamen
½ TL Zimt
½ Tasse Quinoa (gründlich gewaschen)
1 große Möhre (geschält und klein geschnitten)
1 kleine Fenchelknolle mit Grün (gewaschen und klein geschnitten)
1 Handvoll Rosinen
½ mittelgroße Zucchini (gewaschen und klein geschnitten)
Salz
1 Spritzer Zitronensaft
schwarzer Pfeffer

ZUBEREITUNG

1. Mung Dal über Nacht in Wasser einweichen. In ein Sieb abgießen und gut abspülen.

2. Das Ghee in einem großen Topf erhitzen und den Ingwer sowie die Gewürze darin kurz bei mittlerer Hitze anrösten. Mung Dal, Quinoa, Möhre, Fenchel (nicht das Grün) und die Rosinen dazugeben und andünsten.

3. Mit 1 ¾ Tassen Wasser auffüllen, aufkochen und zugedeckt bei schwacher Hitze etwa 25 Minuten köcheln lassen. Falls nötig, zwischendurch etwas Wasser nachfüllen.
Wichtig: Nicht mehr umrühren, sonst tritt Stärke aus der Quinoa aus, klebt am Boden, und das Gericht brennt an.

4. Die Zucchini 10 Minuten vor Ende der Garzeit dazugeben. Wenn das Mung Dal weich ist, das Kitchari mit ¾ TL Salz, Zitronensaft und schwarzem Pfeffer abschmecken und mit Fenchelgrün bestreuen.

Nimm statt Möhre Süßkartoffel.

Verändere das Verhältnis Mung Dal zu Quinoa. Nimm 2 Teile Mung Dal und 1 Teil Quinoa.

Gib beim 1. Schritt 1 Msp. Asafoetida für Dein Verdauungsfeuer dazu.

Gib beim 1. Schritt ein bisschen mehr Schärfe rein, z. B. mehr Ingwer, und schmecke großzügig mit schwarzem Pfeffer ab.

Variationen

Wenn Du keinen Fenchel magst, ersetze ihn durch anderes Gemüse, z.B. Blattspinat. Diesen erst 5 Minuten vor Ende der Garzeit dazugeben. Variiere das Gemüse je nach Saison. Gib zum Schluss ein paar Granatapfelkerne obendrauf.

Schnelles Kitchari
MIT LINSEN

Dieses Kitchari ist etwas schneller fertig als die Basis-Version. Die scharfen Gewürze regen den Stoffwechsel an. Optimal für den trägen Verdauungstyp bzw. wenn Du abnehmen möchtest. Die Variationen für die anderen Stoffwechseltypen findest Du unten.

FÜR 2–3 PORTIONEN

2 EL Ghee
1 TL gelbe Senfsamen (ersatzweise Curry mild)
1 TL Kreuzkümmel
½ TL gemahlener Ingwer
1 Msp. Asafoetida
⅓ Tasse rote Linsen (gründlich gewaschen)
⅓ Tasse Basmatireis (gründlich gewaschen)
½ Stange Lauch (geputzt, gewaschen und klein geschnitten)
1 Stange Staudensellerie (gewaschen und klein geschnitten)
3 mittelgroße Kartoffeln (geschält und klein geschnitten)
Salz
1 Spritzer Zitronensaft
¼ TL Trikatu (optional)
etwas Kresse

ZUBEREITUNG

1. Das Ghee in einem Topf erhitzen und alle Gewürze (außer Trikatu) bei mittlerer Hitze darin anrösten.

2. Rote Linsen, Reis, Lauch, Sellerie und Kartoffeln dazugeben und andünsten.

3. Mit 2 ½ Tassen Wasser auffüllen, bis alles gut bedeckt ist. Aufkochen und zugedeckt bei schwacher Hitze etwa 15 Minuten köcheln lassen. Falls nötig, zwischendurch etwas Wasser nachfüllen.
Wichtig: Nicht mehr umrühren, sonst tritt Stärke aus dem Reis aus, klebt am Boden, und das Gericht brennt an.

4. Wenn Linsen und Kartoffeln gar sind, das Kitchari mit Salz, Zitronensaft und nach Belieben mit Trikatu abschmecken. Mit Kresse bestreuen.

Verändere das Verhältnis rote Linsen zu Reis. Nimm 1 Teil rote Linsen und 2 Teile Reis.

Verändere das Verhältnis rote Linsen zu Reis. Nimm 2 Teile rote Linsen und 1 Teil Reis.

Ersetze die Kartoffeln durch Süßkartoffeln, die sind bekömmlicher.

Nimm nur ¼ TL Ingwer und lass das Asafoetida weg. Ersetze die Senfsamen durch 1 TL Koriander.

LIQUID DETOX

MEDIUM LEVEL

Beim Liquid Detox gibt es in der Going-Deep-Phase nur noch flüssige Nahrung. Du kannst alles zu Dir nehmen, was flüssig ist: Brühe, klare Suppen, pürierte Suppen, Eintöpfe, Reiswasser, frisch gepresste Säfte und eventuell auch Smoothies.

DAS PRINZIP

Es ist entscheidend, dass Dein Essen nicht verarbeitet ist. Damit ist nicht gemeint, dass es nicht gekocht ist, sondern dass es möglichst aus natürlichen Zutaten zubereitet wurde und keine Fertigprodukte, Zusatzstoffe und Ähnliches enthält. Liquid Detox eignet sich vor allem für den trägen oder heißen Verdauungstyp, außerdem zur Reduktion, umso mehr, je leichter (das heißt, hauptsächlich gemüse- und obstbasiert) Du die flüssige Nahrung machst. Falls Du ein sensibler Verdauungstyp bist, solltest Du darauf achten, warme Suppen und Eintöpfe zu Dir zu nehmen und sie nährender zu machen. Detaillierte Infos dazu findest Du bei den jeweiligen Rezepten.

FAUSTREGELN ZUR ZUTATENWAHL

- Wurzelgemüse ist sehr erdend und gut für den sensiblen Verdauungstyp. Allerdings: Je mehr Stärke ein Lebensmittel enthält, desto mehr Substanz hat es oder wirkt aufbauend.
- Alles, was viele Bitterstoffe hat oder zusammenziehend wirkt (insbesondere alle Hülsenfrüchte), ist sehr reinigend und Gewebe abbauend, also gut, wenn Du Gewicht reduzieren willst oder ein träger Verdauungstyp bist.
- Ein weiterer Aspekt, den es zu beachten gilt, ist die Menge an Fett, die Du verwendest. Sensible Verdauungstypen können gerne Öl oder Ghee nutzen, die anderen sollten Fett auf ein Minimum reduzieren oder komplett weglassen.
- Für einen stärker reduzierenden Detox konzentriere Dich auf Obst und Gemüse, lass Fett sowie Kohlenhydrate und pflanzliches Eiweiß weg.

LIQUID DETOX AUF EINEN BLICK

WAS: Entgiftung und Entlastung der Verdauung und des Stoffwechsels durch flüssige, aber hochwertige und leicht verdauliche Ernährung (viel Obst und Gemüse).

FÜR WEN UND WANN GEEIGNET:

- Medium Level für den heißen und trägen Verdauungstyp
- Vor allem zur Reduktion
- Energielevel kann schwanken, je nach Auswahl der flüssigen Nahrung (Säfte, Suppen, Eintöpfe, Smoothies)

SCHEMA FÜR EINE WOCHE: 2 Tage Easy In + 3 Tage Going Deep + 2 Tage Easy Out

DER ABLAUF

- Als **Easy In** machst Du zwei Tage lang Simple Detox (siehe ab Seite 44), also Clean Eating. Außerdem alle Gifte und Genussmittel weglassen, um Deinen Körper auf den Detox einzustimmen.
- Während der **Going-Deep-Phase** (drei Tage) „isst" Du morgens, mittags und abends eine flüssige Mahlzeit und trinkst zwischen den Mahlzeiten nur Wasser oder Tee.
- Zum **Easy Out** machst Du anschließend wieder zwei Tage Simple Detox, um Deinen Körper wieder auf andere Nahrung vorzubereiten. Und achte natürlich auf die 9 goldenen Detox-Eimpfehlungen (siehe Seite 28).

Im folgenden Rezeptteil findest Du zunächst drei Smoothie-Rezepte, etwas ungewöhnlich für Ayurveda, aber wir wollen Dir die Möglichkeit geben, Smoothies zu genießen, wenn Du sie magst und verträgst. Es folgen Rezepte für Suppen und Eintöpfe. Für die Easy-In- und -Out-Phase nutzt Du die Rezepte aus dem Simple-Detox-Teil (siehe ab Seite 46).

SMOOTHIES & AYURVEDA

Smoothies sind in aller Munde und werden oft zum Detoxen angepriesen. Ayurveda sieht das ein bisschen anders, denn Smoothies sind roh, enthalten meist viele Zutaten und sind daher tendenziell schwerer verdaulich. Deshalb werden sie im ayurvedischen Detox klassischerweise nicht empfohlen.

Wenn Du allerdings ein großer Smoothie-Fan bist und Rohkost gut verdauen kannst (als heißer Verdauungstyp), wollen wir Dir Deine Smoothies, zum Beispiel beim Liquid Detox, nicht verbieten, auch wenn uns die traditionellen Ayurvedis wahrscheinlich spätestens jetzt für total bekloppt halten. Aber wir möchten Dir ein paar Ayurvedisierungs-Tipps mit an die Hand geben:

- Trinke Smoothies eher mittags, wenn Dein Verdauungsfeuer am höchsten ist.
- Trinke sie bevorzugt im Sommer.
- Trinke sie so langsam, als würdest Du sie essen.
- Verwende so wenig verschiedene Zutaten wie möglich (max. 3–4). Je weniger komplex, desto besser verdaulich!
- Verwende ausschließlich frische Zutaten (keine tiefgefrorenen).
- Trinke Deinen Smoothie lau- oder zimmerwarm oder gib sogar etwas heißes Wasser dazu, das hilft Deiner Verdauung. Vermeide Eiswürfel in Deinen Smoothies.
- Verwende keine „Pulver" oder Superfood-Zusätze, die machen die Arbeit für Deine Verdauung extraschwer.
- Wenn Du mehr Substanz willst, wähle eine Fettquelle aus Öl, Avocado, Nuss(mus) oder Samen. Nimm Banane als Grundlage und verwende mehr Obst oder auch Datteln und Feigen zum Süßen.
- Nimm auch Gewürze oder Kräuter, z.B. Ingwer und Kurkumapulver. Sie unterstützen Deinen Körper bei der Verdauungsarbeit.
- Für mehr Gewichtsverlust verwende mehr Grün und mehr Bitterstoffe (z.B. Blattspinat, Rucola, Chicorée, Kräuter).

Generell gilt: Wer Schwierigkeiten hat, Rohes zu verdauen, sollte mit Smoothies eher vorsichtig sein.

Die Smoothie-Rezepte auf den folgenden Seiten sind ayurvedisiert und außderm auf den jeweiligen Verdauungstyp abgestimmt.

Süßkartoffel-Smoothie

FÜR DEN SENSIBLEN VERDAUUNGSTYP

FÜR 1 PORTION

1–2 Handvoll gekochte Süßkartoffel
1 Tasse warmer Mandeldrink
½ EL Leinsamen
1 große, weiche Dattel (entkernt, klein geschnitten)
¼ TL Zimt
1 Msp. Kurkuma
1 Msp. Ingwer

ZUBEREITUNG

1. Alle Zutaten in einen Mixer geben und etwa 1 Minuten mixen. Bei Bedarf noch etwas mehr Mandeldrink dazugeben.

Sellerie-Birnen-Smoothie

FÜR DEN HEISSEN VERDAUUNGSTYP

FÜR 1 PORTION

½ Birne (gewaschen, entkernt und klein geschnitten)
2 Stangen Staudensellerie (gewaschen, geputzt und klein geschnitten)
⅛ Avocado
½ große, weiche Dattel (klein geschnitten)
1 Msp. Ingwer
1 Msp. Koriander

ZUBEREITUNG

1. Die Birnenstücke mit 1 EL Wasser in einem Topf 2–3 Minuten dünsten.
2. Die gedünstete Birne mit allen anderen Zutaten und 1 Tasse lauwarmem Wasser in einen Mixer geben und etwa 1 Minuten mixen.

Feldsalat-Smoothie

FÜR DEN TRÄGEN VERDAUUNGSTYP

FÜR 1 PORTION

1 Birne (gewaschen, entkernt und klein geschnitten)
2 Handvoll Feldsalat (gewaschen und geputzt)
¼ TL Ingwer
1 TL Honig (optional)

ZUBEREITUNG

1. Die Birnenstücke mit 1 EL Wasser in einem Topf 2–3 Minuten dünsten.
2. Die gedünstete Birne mit allen anderen Zutaten und 1 Tasse lauwarmem Wasser in einen Mixer geben und etwa 1 Minute mixen.

Gemüsebrühe

Diese frische Gemüsebrühe kannst Du einfach so trinken oder als Basis für andere Suppen verwenden. Auch als Fastenbrühe (dann ohne Olivenöl) eignet sie sich. Koche Dir am besten gleich eine größere Menge für den Vorrat und friere sie portionsweise ein.

ERGIBT CA. 2 LITER

1 EL Olivenöl
1 daumengroßes Stück Ingwer (geschält und gehackt)
2 TL Koriander
1 TL gelbe Senfsamen (optional)
1 TL Kurkuma
15 schwarze Pfefferkörner
4 Möhren (geschält und in große Stücke geschnitten)
1 Stange Lauch (geputzt, gewaschen und in große Stücke geschnitten)
1 Fenchelknolle mit Grün (gewaschen und in große Stücke geschnitten)
¼ Staudensellerie mit Grün (gewaschen und in große Stücke geschnitten)
1½ TL Salz
schwarzer Pfeffer

ZUBEREITUNG

1. Das Olivenöl in einem großen Topf erhitzen und den Ingwer sowie die Gewürze darin bei mittlerer Hitze kurz anrösten.
2. Das vorbereitete Gemüse dazugeben und 3–5 Minuten andünsten.
3. Dann 3 l Wasser und das Salz dazugeben und aufkochen.
4. Alle Zutaten bei schwacher Hitze zugedeckt 1 Stunde köcheln lassen.
5. Die Brühe mit Salz und Pfeffer abschmecken.
6. Die Brühe abseihen und portionsweise in sterilisierte Gläser füllen. Entweder gleich verwenden oder einfrieren (zum Einfrieren geeignete Behälter verwenden und nicht bis zum Rand befüllen!).

Variation

Diese Gemüsebrühe kannst Du auch ohne Olivenöl kochen und das Salz weglassen oder reduzieren. Dann ist sie ideal als Fastenbrühe.

Für alle Verdauungstypen gut geeignet.

Asiasuppe mit Sprossen

Mungbohnen sind die beliebtesten Hülsenfrüchte im Ayurveda, weil sie sehr leicht verdaulich sind. Durch das Keimen sind die Sprossen der Mungbohne gewissermaßen schon „vorverdaut" und deshalb noch bekömmlicher. Sie enthalten sogar noch mehr Nährstoffe.

FÜR 1 PORTION

1 TL Ghee
½ TL frischer Ingwer (geschält und gehackt)
1 Pastinake (geschält und klein geschnitten)
1½ Tassen Gemüsebrühe oder Wasser
¼ TL gerebelter Dill
1½ Baby-Pak-Choi (gewaschen und klein geschnitten)
1 Handvoll Mungbohnensprossen
Salz
schwarzer Pfeffer

ZUBEREITUNG

1. Das Ghee in einem Topf erhitzen und den Ingwer darin bei mittlerer Hitze anrösten.
2. Die klein geschnittene Pastinake dazugeben und andünsten.
3. Gemüsebrühe oder Wasser und den Dill dazugeben und aufkochen.
4. Bei schwacher Hitze etwa 10 Minuten köcheln lassen. Pak Choi und Sprossen dazugeben und weitere 3–5 Minuten köcheln lassen.
5. Die Suppe mit Salz und Pfeffer abschmecken.

↗ Gib beim 2. Schritt ein paar Kartoffeln dazu.

↘ Das Rezept ist optimal für Dich.

Gib beim 1. Schritt einfach 1 Msp. Asafoetida dazu.

Variation

Nimm statt der Pastinake eine Möhre.

Selleriesuppe

Knollensellerie ist eines der leichtesten Wurzelgemüse. Seine ätherischen Öle unterstützen Deine Verdauung. Er wirkt entwässernd und schleimlösend. Wenn Du abnehmen möchtest, ist dieses Rezept ideal für Dich.

FÜR 1 PORTION

1 TL Ghee
1½ TL frischer Ingwer (geschält und gehackt)
¼ TL Zimt
1 Msp. Kurkuma
¼ Knollensellerie (ca. 150 g, geschält und klein geschnitten)
1 Kartoffel (geschält und klein geschnitten)
½ Birne (gewaschen, entkernt und klein geschnitten)
1½ Tassen Gemüsebrühe oder Wasser
Salz
schwarzer Pfeffer
1 Spritzer Zitronensaft
Muskatnuss (optional)

ZUBEREITUNG

1. Das Ghee in einem Topf erhitzen und den Ingwer sowie die Gewürze darin bei mittlerer Hitze anrösten.
2. Sellerie, Kartoffel, Birne und Gemüsebrühe oder Wasser dazugeben und aufkochen.
3. Alles bei schwacher Hitze zugedeckt etwa 20 Minuten köcheln lassen.
4. Die Suppe mit dem Stabmixer pürieren und mit Salz, Pfeffer, Zitronensaft und nach Belieben 1 Prise Muskatnuss abschmecken.

↗ Gib beim 2. Schritt mehr Kartoffel und weniger Sellerie dazu.

↘ Das Rezept ist optimal für Dich.

Nimm etwas weniger Ingwer.

Rote-Bete-Suppe

Diese Suppe ist ideal für den Winter, denn Rote Bete wirkt wärmend, erdend und reinigend, ist dabei aber trotzdem leicht verdaulich. Die Knolle unterstützt außerdem die Blutbildung und wird im Ayurveda bei Eisenmangel empfohlen. Gut auch für Frauen während der Menstruation in Form von frischem Saft. Auch für den Frühlings-Detox ist die Suppe super geeignet.

FÜR 1 PORTION

1 TL Ghee
1 TL frischer Ingwer (geschält und gehackt)
½ TL Kreuzkümmel
¼ TL Zimt
1 Sternanis (optional)
1–2 Rote Beten (ca. 250 g, geschält und klein geschnitten, dabei Küchenhandschuhe tragen)
1 Kartoffel (geschält und klein geschnitten)
2 Tassen Gemüsebrühe oder Wasser
Salz
schwarzer Pfeffer
1 Spritzer Zitronensaft
frische Kräuter Deiner Wahl (gewaschen und klein geschnitten)

ZUBEREITUNG

1. Das Ghee in einem Topf erhitzen und den Ingwer sowie die Gewürze darin bei mittlerer Hitze anrösten.
2. Rote Beten, Kartoffel und Gemüsebrühe oder Wasser dazugeben und aufkochen.
3. Alles bei schwacher Hitze zugedeckt etwa 20 Minuten köcheln lassen, bis das Gemüse gar ist.
4. Den Sternanis entfernen und die Suppe mit dem Stabmixer pürieren (evtl. etwas Wasser dazugeben). Mit Salz, Pfeffer und Zitronensaft abschmecken und nach Belieben mit frischen Kräutern bestreuen.

↗ Gib etwas Ghee und gekochten Reis zur Suppe.

↘ Gib mehr Schärfe rein, z.B. Ingwer, Pippali oder Trikatu.

Cremige Möhrensuppe

Mung Dal macht diese Suppe so traumhaft cremig. Sie ist leicht verdaulich und sättigend. Die Möhren – wie alles, was unter der Erde wächst – sind zusätzlich wunderbar erdend. Eine Suppe mit absolutem Wohlfühlfaktor.

FÜR 1 PORTION

3 EL Mung Dal
2 TL Ghee
½ TL frischer Ingwer (geschält und gehackt)
¾ TL Koriander
1 TL Kreuzkümmel
½ TL Fenchel
¼ TL Zimt
¼ TL gelbe Senfsamen (ersatzweise Curry mild)
½ TL Kurkuma
2 mittelgroße Möhren (geschält und klein geschnitten)
2 Tassen Gemüsebrühe oder Wasser
Salz
schwarzer Pfeffer
1 Spritzer Zitronensaft
etwas Petersilie oder Möhrengrün (gewaschen und klein geschnitten)

ZUBEREITUNG

1. Das Mung Dal über Nacht in Wasser einweichen. In ein Sieb abgießen und gut abspülen.

2. Das Ghee in einem großen Topf erhitzen und den Ingwer sowie die Gewürze darin bei mittlerer Hitze anrösten. Möhren, Mung Dal und Gemüsebrühe oder Wasser dazugeben und aufkochen.

3. Alles zugedeckt bei schwacher Hitze etwa 15 Minuten köcheln lassen, bis Möhren und Mung Dal gar sind.

4. Die Suppe mit dem Stabmixer pürieren, mit Salz, Pfeffer und Zitronensaft abschmecken und mit Petersilie oder Möhrengrün bestreuen.

Gib etwas gekochten Reis oder Quinoa zur Suppe.

Das Rezept ist optimal für Dich.

Lass beim 2. Schritt die Senfsamen weg.

Brokkoli-Birnen-Sellerie-Suppe

Diese Suppe ist ideal zum Abnehmen. Sellerie ist superleicht, kurbelt die Verdauung an und wirkt entwässernd. Die trockenen, rauen Eigenschaften von Sellerie und Brokkoli helfen, überschüssigen Schleim loszuwerden.

FÜR 1 PORTION

2 TL Ghee
½ TL frischer Ingwer (geschält und gehackt)
½ TL Koriander
1 Msp. Asafoetida
½ mittelgroßer Brokkoli (ca. 150 g, gewaschen und in Röschen zerteilt)
1½ Stangen Staudensellerie (gewaschen, geputzt und klein geschnitten, Blätter gehackt und beiseitegelegt)
¾ Birne (gewaschen, entkernt und klein geschnitten)
1¾ Tassen Gemüsebrühe oder Wasser
Salz
schwarzer Pfeffer
einige Dillspitzen (optional)

ZUBEREITUNG

1. Das Ghee in einem Topf erhitzen und den Ingwer sowie die Gewürze darin bei mittlerer Hitze anrösten.
2. Brokkoli, Staudensellerie (ohne die Blätter) und Birne dazugeben und kurz andünsten. Mit Gemüsebrühe oder Wasser ablöschen.
3. Alles zugedeckt bei schwacher Hitze köcheln lassen, bis das Gemüse weich ist.
4. Die Suppe mit dem Stabmixer pürieren, mit Salz und Pfeffer abschmecken und mit den Blättern vom Staudensellerie und nach Belieben den Dillspitzen bestreuen.

Gib beim 2. Schritt 1 bis 2 Kartoffeln dazu und beim 4. Schritt 1½ TL Mandelmus.

Das Rezept ist optimal für Dich.

Gib beim 4. Schritt 1½ TL Mandelmus dazu, das macht die Suppe cremiger und gleicht die Trockenheit des Brokkoli aus.

Lass einfach das Asafoetida weg. Es würde Dir zu viel Hitze geben.

Deftiger Kürbis-Kartoffel-Eintopf

Der Kürbis in dieser Suppe erdet und beruhigt Dich, während die Gewürze Dir die nötige Wärme schenken. Ein ideales Herbstessen. Wenn Dir Kürbis zu schwer ist, schau einfach mal unten, womit Du ihn ersetzen kannst.

FÜR 1 PORTION

½ Handvoll blanchierte Mandeln
1 TL Ghee
1 TL frischer Ingwer (geschält und gehackt)
½ TL Kreuzkümmel
½ TL Koriander
½ TL Curry mild
¼ kleiner Hokkaido-Kürbis (gewaschen, entkernt und klein geschnitten)
2 mittelgroße Kartoffeln (geschält und klein geschnitten)
½ TL gerebelter Dill
1 ¾ Tassen Gemüsebrühe oder Wasser
Salz
schwarzer Pfeffer
frische Kräuter Deiner Wahl (gewaschen und klein geschnitten)

ZUBEREITUNG

1. Die Mandeln über Nacht in Wasser einweichen. In ein Sieb abgießen und gut abspülen.
2. Das Ghee in einem großen Topf erhitzen und den Ingwer sowie die Gewürze (bis auf den Dill) darin bei mittlerer Hitze anrösten.
3. Kürbis, Kartoffeln, Dill und Gemüsebrühe oder Wasser dazugeben und zum Kochen bringen. Alles zugedeckt bei schwacher Hitze etwa 20 Minuten köcheln lassen, bis das Gemüse weich ist.
4. Die Mandeln mit ¼ Tasse Wasser pürieren und dazugeben. Alles nochmals aufkochen, mit Salz und Pfeffer abschmecken. Den Eintopf zum Schluss mit den Kräutern bestreuen.

↗ Das Rezept ist optimal für Dich.

↘ Lass die pürierten Mandeln weg. Ersetze den Kürbis durch Möhren.

Lass einfach die pürierten Mandeln weg und gib mehr Schärfe rein, z.B. mehr Curry oder Ingwer.

Süßkartoffel-Kichererbsen-Eintopf

Diese extracremige Suppe ist superschnell fertig, und der süße Geschmack der Süßkartoffel wirkt beruhigend. Kichererbsen, Kartoffeln und Süßkartoffeln sind voller Ballaststoffe, die Dich lange satt machen und Deine Verdauung unterstützen.

FÜR 1 PORTION

1 TL Ghee
½ TL frischer Ingwer (geschält und gehackt)
½ TL Kreuzkümmel
1 Msp. Zimt
¼ TL Paprika süß
1 Msp. Asafoetida
¼ mittelgroße Süßkartoffel (ca. 100 g; geschält und klein geschnitten)
1 mittelgroße Kartoffel (geschält und klein geschnitten)
1 ¼ Tassen Gemüsebrühe oder Wasser
2 EL Kichererbsen (gekocht, aus dem Glas)
Salz · schwarzer Pfeffer
1 Spritzer Zitronensaft
Muskatnuss (optional)
frische Kräuter Deiner Wahl (gewaschen und klein geschnitten)

ZUBEREITUNG

1. Das Ghee in einem Topf erthitzen und den Ingwer sowie die Gewürze darin kurz bei mittlerer Hitze anrösten.
2. Süßkartoffel, Kartoffel und Gemüsebrühe oder Wasser dazugeben und zum Kochen bringen.
3. Alles zugedeckt bei schwacher Hitze etwa 15 Minuten köcheln lassen, bis das Gemüse weich ist.
4. Die Suppe mit dem Stabmixer nur kurz pürieren, sodass noch ein paar Gemüsestücke übrig bleiben. Die Kichererbsen dazugeben und alles etwa 5 Minuten weiterköcheln lassen.
5. Mit Salz, Pfeffer, Zitronensaft und nach Belieben 1 Prise Muskatnuss abschmecken. Zum Schluss mit den Kräutern bestreuen.

↗ Das Rezept ist optimal für Dich.

↘ Nimm statt der Süßkartoffel 1 große Möhre.

Lass die Kichererbsen weg. Gib stattdessen beim 2. Schritt rote Linsen dazu.

Lass einfach das Asafoetida weg. Es gibt Dir zu viel Hitze.

Gib mehr Schärfe dazu, z.B. mehr Ingwer, und schmecke großzügig mit schwarzem Pfeffer ab.

Chinakohl-Eintopf

Chinakohl ist eine milde Kohlsorte und eine von Danas liebsten. Zusammen mit den anderen klassisch heimischen Zutaten wie Kartoffeln, Lauch und Möhren mutet er fast traditionell an. Nur viel leckerer. Kreuzkümmel, Koriander und Asafoetida machen ihn noch besser verdaulich und unterstützen Deinen Körper beim Saubermachen.

FÜR 1 PORTION

1 TL Ghee
1 TL frischer Ingwer (geschält und gehackt)
½ TL Kreuzkümmel
¼ TL Koriander
1 Msp. Asafoetida
½ kleiner Chinakohl (ca. 200 g, gewaschen und klein geschnitten)
2 mittelgroße Kartoffeln (geschält und klein geschnitten)
1 Möhre (geschält und klein geschnitten)
½ kleine Stange Lauch (geputzt, gewaschen und klein geschnitten)
1 TL Majoran
2 Tassen Gemüsebrühe oder Wasser
Salz
schwarzer Pfeffer
1 Spritzer Zitronensaft
etwas Petersilie (gewaschen und klein geschnitten)

ZUBEREITUNG

1. Das Ghee in einem Topf erhitzen und den Ingwer sowie die Gewürze (außer Majoran) darin kurz bei mittlerer Hitze anrösten.
2. Gemüse, Majoran und Brühe oder Wasser dazugeben und aufkochen.
3. Alles zugedeckt bei schwacher Hitze etwa 15 Minuten köcheln lassen, bis das Gemüse weich ist.
4. Die Suppe mit Salz, Pfeffer und Zitronensaft abschmecken und mit der Petersilie bestreuen.

Nimm etwas mehr Kartoffeln oder gib beim 2. Schritt etwas Reis oder Quinoa mit in den Topf. Gib noch 1 TL Ghee dazu.

Das Rezept ist optimal für Dich.

Lass einfach das Asafoetida weg.

Schmecke großzügig mit schwarzem Pfeffer ab.

DETOX MIT AUSLEITUNG

ADVANCED LEVEL

Wenn Du stabil und detox-erfahren bist, idealerweise bereits einen Ausleitungstag unter Anleitung gemacht hast und Lust hast auf mehr, aufgepasst! Für einen noch tiefer gehenden Detox kannst Du beim Mono- oder Liquid Detox einen Ausleitungstag hinzufügen. Die Going-Deep-Phase sollte dabei mindestens vier Tage dauern, im Anschluss daran folgt dann der Ausleitungstag.

WARUM ÜBERHAUPT AUSLEITEN?

Während des Detox räumt Dein Körper einen Großteil des Stoffwechseldrecks auf und sammelt ihn im Verdauungstrakt, um ihn loszuwerden. Mit dem Abführen hilfst Du Deinem Darm, diesen möglichst gründlich auszuscheiden. Das ist vergleichbar mit einem Kärcher für Deinen Darm.

WICHTIG: Am Ausleitungstag solltest Du Dir freinehmen, oder Du machst ihn am Wochenende. Du wirst öfters zur Toilette müssen und Dich daher nicht zu weit von ihr entfernen wollen, solange die Darmentleerung nicht vollständig abgeschlossen ist. Und das kann schon mal den ganzen Tag dauern. Da das „Kärchern" für Deinen Körper wirklich anstrengende Arbeit ist, kann Dein Energielevel in den Keller gehen, und Deine Aufgabe ist es, Dich zu schonen.

Das brauchst Du für den Ausleitungstag:

- Zutaten für den Abführ-Cocktail (siehe Seite 125)
- Zutaten für das Congee (siehe Rezept auf Seite 128)
- Wärmflasche
- Ruhe und Zeit für Dich

DER ABLAUF

Iss am Vorabend etwas Leichtes vor 19 Uhr. Am Ausleitungstag stehst Du zwischen 6 und 7 Uhr auf, trinkst ein Glas warmes Wasser und lässt das Frühstück ausfallen. Mache Dir 2 Liter heißes Wasser, das Du etwa 10 Minuten köcheln lässt. Füll es in eine Thermoskanne und trinke es über den Tag hinweg.

Statt zu frühstücken, nimmst Du den „Abführ-Cocktail" mit Rizinusöl zu Dir. Danach gönn Dir Ruhe, aber achte darauf, nicht zu schlafen und Dich am besten auch nicht hinzulegen. Das bremst den Entleerungsprozess. Trink über den Vormittag alle 20 bis 30 Minuten etwas heißes Wasser. Wenn Du dazu neigst, das Trinken zu vergessen, stell Dir einen Handytimer. Das Rizinusöl braucht Wasser, um seine Wirkung im Verdauungstrakt entfalten zu können!

DETOX MIT AUSLEITUNG AUF EINEN BLICK

WAS: Ausleitungstag in Kombination mit Mono- oder Liquid Detox für einen noch tieferen Detox

FÜR WEN UND WANN GEEIGNET:

- Den trägen oder heißen Verdauungstyp
- Advanced Level, das heißt: Profis mit Detox-Erfahrung
- Achtung: Für kranke, schwache Menschen, während der Menstruation und für schwangere oder stillende Mütter ist dies nicht geeignet!
- Am Ausleitungstag sollte man sich freinehmen, da der Körper harte Arbeit leistet und das Energielevel schwanken kann.

SCHEMA FÜR EINE WOCHE:

1 Tag Easy In + 4 Tage Going Deep + 1 Ausleitungstag + 1 Tag Easy Out

ABFÜHR-COCKTAIL

Dafür 30 ml Rizinusöl mit 1–2 TL frischem Zitronensaft, 125 ml heißem Wasser, 1 Msp. Ingwerpulver sowie je 1 Prise Pfeffer und Salz mit einem Schneebesen oder einer Gabel sehr gut mischen und anschließend gleich trinken.

TIPP: Wenn Du den Geschmack des Cocktails unangenehm findest, putz Dir direkt danach die Zähne oder lutsche alternativ ¼ TL Honig.

Ein bis zwei Stunden nach dem Cocktail startet meistens die erste Darmentleerung. Mach Dir keine Sorgen, wenn es bei Dir länger dauert, Dana hat schon mal drei Stunden auf die erste Entleerung gewartet. Ist es erst mal losgegangen, gehts dann über den Tag hinweg so weiter. Die Konsistenz ist zuerst fest und wird dann nach und nach immer flüssiger. Es ist individuell sehr unterschiedlich, wann und wie viele Entleerungen kommen. Und es ist normal, dabei ein Magengrummeln, etwas Übelkeit oder auch leichte Bauchkrämpfe zu haben. Auch wenn die Entleerung nicht immer angenehm ist, sie lohnt sich, weil Du damit supereffektiv Giftstoffe und Schlacken aus Deinem Körper schleust.

Tipp zur Einstimmung

Entspanne Dich einen Moment, bevor Du den Abführ-Cocktail trinkst. Stell Dir den positiven Effekt der Ausleitung vor und wie gut Du Dich danach fühlen wirst. Während Dein Darm sich entleert, hilft es, wenn Du Dir vorstellst, dass nicht nur die Giftstoffe den Körper verlassen, sondern auch der ganze mental-emotionale Müll und Altlasten, die wir im Alltag oft mit uns herumtragen.

Wenn Du deutlich spürst, wieder Hunger zu bekommen – meistens mittags oder nachmittags –, ist das ein Zeichen, dass die Darmentleerung abgeschlossen ist. Dann kannst Du eine leichte Reissuppe (Congee) essen (Rezept siehe Seite 128). Iss diese auch als nächste Mahlzeit – vor allem, wenn sie noch am gleichen Tag angesagt ist, weil die erste mittags war. Falls Du bis abends immer noch keinen Hunger spürst, aber auch nicht mehr zur Toilette musst, iss trotzdem eine kleine Portion Reissuppe. Nach dem Essen musst Du oft noch ein allerletztes Mal zur Toilette. Wenn alles draußen ist, tut ein kleiner Spaziergang Deinem Kreislauf sehr gut.

WEITERE TIPPS

- Bei Bauchkrämpfen hilft oft eine Wärmflasche und Ruhe.
- Wenn die Entleerung nicht ein bis zwei Stunden nach dem Abführ-Cocktail einsetzt, hilft leichte Bewegung, zum Beispiel Treppensteigen oder Auf-und-ab-gehen.
- Am besten bereitest Du die Reissuppe schon gegen 11 oder 12 Uhr vor, damit sie bereitsteht, wenn Du Hunger bekommst.

Die Ausleitung ist für unseren Körper anstrengend. Geh an diesem Tag früh ins Bett. Deine Lebensgeister sind meist am Tag darauf wieder da, und Du fühlst Dich leichter und voller Energie.

DANACH KOMMT DAS EASY OUT

Der Ausleitungstag ist der „Höhepunkt" Deines Detox und das Ende der Going-Deep-Phase. Er wirkt wie ein Reset für Deinen Darm. Danach beginnt das Easy Out, und der Darm kann neu durchstarten. Achte am nächsten Tag darauf, sehr leicht Verdauliches zu essen, kleine Portionen und ohne viel Fett oder tierische Produkte. Iss wirklich nur, bis Du Dich satt fühlst, und verzichte auf Zwischenmahlzeiten. Als Frühstück kannst Du warmes Porridge und/oder gedünstetes Obst oder Knäckebrot mit Honig essen. Mittags gibts eine gut gekochte und gewürzte Mahlzeit mit Gemüse, Getreide und/oder Hülsenfrüchten. Iss abends früh und leicht, beispielsweise eine Suppe aus Gemüse mit Getreide.

HILFE FÜR DIE VERDAUUNG

Falls Dein Verdauungsfeuer in den ersten Tagen nach der Ausleitung noch schwach ist, kannst Du Ingwerwasser trinken. Bei Verstopfung oder sehr träger Verdauung helfen die Tipps auf Seite 34/35.

Manda (Reiswasser)

Manda ist ein klassisches ayurvedisches Rezept für die Reinigung. Es regt das Verdauungsfeuer an und ist für alle Verdauungstypen geeignet. Es ist leicht und besonders gut für den sensiblen und den trägen Verdauungstyp geeignet, hilft bei Durchfall, Erbrechen und wird zum Entschlacken verwendet.

FÜR CA. 500 ML

2 EL Basmatireis (gründlich gewaschen)

ZUBEREITUNG

1. Den Reis mit 750 ml Wasser in einen Topf geben. Aufkochen und zugedeckt bei schwacher Hitze 30–45 Minuten kochen, bis der Reis sehr weich ist und fast zerfällt.

2. Das Wasser abseihen und in eine Thermoskanne füllen. Über den Tag verteilt trinken. Den Reis entsorgen.

Gib beim 2. Schritt 1 Prise Kreuzkümmel dazu.

Gib beim 2. Schritt 1 Prise Ingwer dazu.

Zweierlei Congee

Congee ist eine sehr leichte Reissuppe, die die Verdauung nicht belastet. Iss sie am Ausleitungstag, wenn die Darmentleerung abgeschlossen ist und sich ein erstes Hungergefühl meldet. Gib großzügig Salz dazu, um Deinen Elektrolythaushalt auszugleichen. Zum Fastenaufbau kannst Du auch eine dickere Variante mit Gemüse kochen. Sie wird im Ayurveda als Heilessen für einen geschwächten Darm verwendet.

FÜR 1 PORTION

2 EL Basmatireis (gründlich gewaschen)
½ TL Ingwer
½ TL Kurkuma
1–2 Msp. schwarzer Pfeffer
Salz

ZUBEREITUNG

1. Den Reis zusammen mit den Gewürzen und 3 ¾ Tassen Wasser in einem Topf erhitzen.
2. Aufkochen und zugedeckt bei schwacher Hitze 1 Stunde köcheln lassen, bis der Reis zerfällt.
3. Das Congee mit Salz abschmecken.

Variationen

- Zum Aufbauen nach dem Fasten kannst Du Congee auch dicker kochen. Nimm dann 2 ½ bis 3 Tassen Wasser und 2 EL Reis. Reduziere das Salz und die Gewürze. Kurz vor Ende der Garzeit kannst Du etwas klein geschnittenes Gemüse (z.B. 1 Möhre) oder für eine süße Variante Rosinen und etwas Zimt dazugeben.
- Mach das Congee mit Gerste statt Reis. Das hilft, überschüssigen Schleim loszuwerden. Weiche dafür die Gerste über Nacht in Wasser ein und koche sie mit Kreuzkümmel, Kurkuma, Pfeffer, Ingwer und Salz.

Für alle Verdauungstypen gut geeignet.

Unser Tipp

Lecker zum Congee sind Papadams, knusprige Fladen aus Bohnenmehl (meist aus Urad- oder Mungbohnen). Papadams gibt es im indischen Lebensmittelladen. Du kannst sie in einer Pfanne zubereiten.

FASTEN-DETOX
ADVANCED LEVEL

Im Ayurveda wird normalerweise nicht gefastet. Und doch funktioniert es für viele gut. Dana beispielsweise liebt es. Frei nach dem Motto „Bloß nicht komisch werden“ kann man das schon machen. Voraussetzung ist, dass Du gesund und stabil genug bist und schon etwas Erfahrung mit dem Fasten hast.

DAS PRINZIP

Du verzichtest auf feste Nahrung und nimmst während der Going-Deep-Phase lediglich Flüssigkeit zu Dir. Du kannst klassisch fasten oder einen (etwas abgewandelten) Master Cleanse machen.

DER ABLAUF

Wenn Du wirklich nur eine Woche Zeit hast und fastenunerfahren bist, könnte ein einfacher Einstieg so aussehen: 2 Tage Easy In + 3 Tage Going Deep + 2 Tage Easy Out. **Optional:** Wenn Du stabil bist und mehr Zeit investieren kannst, raten wir Dir, Deine Going-Deep-Phase auf fünf Tage auszudehnen, also fünf Tage zu fasten. Das ist die klassische Empfehlung für Fasteneinsteiger. Dein Körper braucht ungefähr drei Tage für die Umstellung von „normaler, äußerer“ Ernährung auf „innere“ Ernährung. Dein Stoffwechsel schaltet auf Spar-Modus um und greift auf seine Energiespeicher zurück. Vielleicht kommst Du sogar in den „Raketen-Modus“, wie Dana das Fastenhigh nennt. Die Umstellung auf innere Ernährung bringt außerdem die „innere Müllabfuhr“ in Schwung. Wichtig! Nur drei Tage zu fasten ist nicht falsch, es geht nur nicht so tief. Es ist aber ein guter Anfang für einen einwöchigen Detox.

EASY-IN-PHASE

Zwei Tage lässt Du Gifte, Fette und Eiweiße weg. Das Easy In dient dazu, Deinem Körper den Übergang in den Fasten-Modus leichter zu machen und damit Du weniger „Unannehmlichkeiten“ währenddessen verspürst. Je nachdem, wie Du Dich im Alltag ernährst, sind zwei Tage Easy In eventuell zu radikal. Wenn Du zum Beispiel immer viel Fleisch und Zucker isst, benötigst Du eher drei Tage für das Easy In und mindestens drei Tage für das Easy Out. Am letzten Tag vor der Going-Deep-Phase nimmst Du mittags Deine letzte Mahlzeit zu Dir. Das Abendessen fällt aus.

GOING-DEEP-PHASE

Als Nächstes steht die Darmentleerung an, dazu mehr ab Seite 131. **Drei Tage** nimmst Du anschließend keine feste Nahrung zu Dir. Beim klassischen Fasten kannst Du alles trinken, was Du magst: Wasser, Tee (außer grünem und schwarzem) und Brühe. Natürlich alles ohne Zucker! Bei der Master-Cleanse-Variante trinkst Du zusätzlich eine Fastenlimo (Rezept siehe Seite 136), um den Reinigungsprozess

FASTEN-DETOX AUF EINEN BLICK

WAS: Verzicht auf feste Nahrung während der Going-Deep-Phase. Durch die Umstellung von äußerer auf innere Ernährung erfolgt ein tiefer Detox.

FÜR WEN UND WANN GEEIGNET:

- Den trägen oder heißen Verdauungstyp
- Advanced für Profis mit Detox- und Fasten-Erfahrung
- Zur Reduktion
- Achtung: Fasten ist nur für gesunde Personen mit stabiler Konstitution und ohne Mangelerscheinungen geeignet. Nicht geeignet ist Fasten für Schwangere, Stillende oder Kranke.
- Fasten kann anstrengend für den Körper sein, und das Energielevel kann schwanken.

SCHEMA FÜR EINE WOCHE: 2 Entlastungstage + 3 Tage Going Deep + 2 Tage Easy Out

HINWEIS:

Fasten ist für unseren Körper eine größere Herausforderung als die anderen in diesem Buch vorgestellten Detox-Arten. Daher empfehlen wir Fasten für die Profis. Am besten machst Du es das erste Mal nicht ohne Begleitung.

etwas mehr anzukurbeln. Klassischerweise wird die Limo als „Mahlzeit" getrunken, Du kannst das aber auch unkonventionell machen und sie trinken, wann immer Du Lust darauf hast, im Wechsel mit Wasser und Tee. Achte darauf, mindestens zwei bis drei Liter zu trinken, um Nebenwirkungen wie Kopfschmerzen vorzubeugen.

Entleeren ist beim Fasten sehr wichtig: Bevor Du mit dem tatsächlichen Fasten startest, musst Du Deinen Darm gründlich entleeren. Das bringt den Reinigungsprozess in Gang und hilft dem Körper bei der Umstellung auf die innere Ernährung. Generell gilt: Unterstütze Deinen Körper während der gesamten Fastenzeit regelmäßig beim Entleeren, denn die Darmperistaltik arbeitet kaum noch, wenn sich Dein Stoffwechsel umgestellt hat. Der Abfall, der aus dem Gewebe mobilisiert wird, würde nicht mehr abtransportiert und könnte dann für Unwohlsein wie Kopfschmerzen, Schwindel oder Energielosigkeit sorgen. Es ist normal, sich am Anfang oder auch immer mal wieder zwischendurch beim Fasten schlapp zu fühlen, Kreislaufprobleme oder Kopfschmerzen zu haben. Dann gilt immer: Entleeren!

EIN LEBERWICKEL UNTERSTÜTZT DIE ENTGIFTUNG

Während des Fastens leisten Deine Entgiftungsorgane Schwerstarbeit. Die Leber ist neben den Nieren unser wichtigstes Detox-Organ. Ein feuchtwarmer Leberwickel unterstützt sie bei ihrer Arbeit und sorgt gleichzeitig dafür, dass Du ganz bewusst eine kleine Ruhepause am Tag einbaust. Der beste Zeitpunkt für einen Leberwickel ist zwischen 13 und 15 Uhr.

So gehts:

- Leg Dir ein kleines Handtuch, eine Schüssel mit heißem Wasser und eine mit heißem Wasser gefüllte Wärmflasche bereit.
- Tauch das Handtuch ins heiße Wasser und wringe es vorsichtig (!) aus.
- Leg Dich auf den Rücken und das Handtuch auf Deinen Oberkörper seitlich rechts am unteren Rippenbogen. Da befindet sich Deine Leber. Wenn Dir das zu heiß oder unangenehm ist, leg noch ein trockenes Handtuch unter das feucht-heiße.
- Darüber legst Du die Wärmflasche. Wenn Du leicht frierst, gib noch ein Handtuch oder eine kuschelige Decke darüber.
- Deck Dich gut zu und bleibe so 20 bis 30 Minuten liegen.

Zum sanften Entleeren empfehlen wir eine Kombi aus Einläufen (siehe rechts) und abführendem Saft*. So hilfst Du Deinem Körper, den Dreck im Verdauungstrakt sowohl „von unten“ als auch „von oben“ rauszuspülen. Zum Going-Deep-Start machst Du am Abend vorher einen Einlauf. Du machst sozusagen unten den Ausgang frei. Am ersten Fastentag trinkst Du morgens Deinen Abführsaft, um auch von oben einmal durchzuspülen. Am zweiten und dritten Tag (oder wie lange auch immer Du fastest) entscheidest Du selbst, ob Du lieber einen Einlauf machst oder Deinen Saft trinkst. Dana ist nicht so der Entleerungsprofi. Ihr fällt das Entleeren mit Saft schwer, manchmal kommt einfach gar nix. Deshalb bevorzugt sie Einläufe. Matthias, ihr Mann, aber braucht nur an den Saft zu denken und muss gleich zur Toilette. So sind wir alle verschieden. Wähle das, was für Dich am besten funktioniert.

ABFÜHRSAFT-REZEPT

Fülle ein 0,3 -l-Glas zur Hälfte mit Pflaumen- oder Sauerkrautsaft und zur Hälfte mit heißem Wasser und trinke es in kleinen Schlucken; anschließend musst Du idealerweise zur Toilette. Falls das nicht hilft, kannst Du auch einen Teelöffel ganze Leinsamen (immer mit ausreichend Flüssigkeit!) mittrinken. Die werden in der Regel unverdaut in den Darm geschleust und helfen dort als Ballaststoffe der Darmbewegung auf die Sprünge. Das ist zwar nicht ayurvedisch und auch Schwerstarbeit für unseren Körper (wie jede Art von Detox), aber es funktioniert super.

* Die gängigen Mittel wie Glaubersalz empfehlen wir nicht zum Entleeren, weil diese nicht so sanft sind.

EINLÄUFE ZUM ENTLEEREN

Einläufe sind supereasy und weniger unangenehm, als man sich das vorstellt! Du brauchst einen Irrigator, den Du zum Beispiel in der Apotheke bekommst, und etwas Ruhe auf dem stillen Örtchen. Stell sicher, dass Du während des Einlaufs nicht gestört wirst, schließ einfach die Tür ab.

- Fülle den Irrigator mit körperwarmem Wasser und achte darauf, dass der Hahn am Ende des Schlauches verschlossen ist.
- Dann den Verschluss öffnen und etwas Wasser ausfließen lassen, um mögliche Luftblasen im Schlauch rauszulassen. Sobald das Wasser ruhig und gleichmäßig ausfließt, den Hahn wieder zudrehen und so viel Wasser nachfüllen, wie ausgelaufen ist.
- Die Tülle am Ende des Schlauches einfetten, zum Beispiel mit Vaseline oder Kokosöl.
- Den gefüllten Einlaufbehälter an die Türklinke oder einen Wandhaken hängen. Dabei ist die Höhe entscheidend, damit das Wasser gut rauslaufen kann.
- Mach Dich untenrum frei, wie die Ärzte immer so sagen.
- Breite ein großes Handtuch aus und komm in einen Vierfüßler-Stand mit den Unterarmen am Boden oder leg Dich auf Deine linke Körperseite und winkle das rechte Bein vor Dir am Boden an.
- Nimm die eingefettete Tülle und lasse sie sanft in Deinen After gleiten. Achte darauf, den Kiefer und alle Po- und Beckenbodenmuskeln zu entspannen, um nicht „gegenzuhalten".
  TIPP: Auch den After einfetten, das macht es einfacher.
- Öffne vorsichtig den Hahn erst mal nur ein kleines Stück, um Dich langsam daran zu gewöhnen, dass das Wasser in Dich hineinläuft. Bleib so entspannt wie möglich. Atme tief und ruhig ein und aus und lass die Bauchdecke ganz locker.
- Es kann sein, dass es sich zwischenzeitlich im Bauch eigenartig anfühlt oder auch der Drang, Dich zu entleeren, wie Du ihn normalerweise kennst, auftritt. Das ist vollkommen normal. Drehe dann den Hahn zu und mache kurz Pause. Gib dem Wasser Zeit, sich zu verteilen, entspanne Dich und massiere vielleicht sogar sanft Deinen Bauch entgegen dem Uhrzeigersinn. Falls Du es nicht mehr aushältst, setz Dich auf die Toilette und lass das Wasser rauslaufen. Setze danach neu an, bis Du alles Wasser aus dem Irrigator verwendet hast.
- Wenn es gut läuft und das ganze Wasser eingelaufen ist, dreh den Hahn wieder zu, zieh die Tülle raus und versuche, das Wasser zu halten. Idealerweise sagt man etwa fünf Minuten. Dana hats noch nie so lange geschafft!
  TIPP: Um das Wasser im Darm gut zu verteilen, kannst Du auch in den Herabschauenden Hund kommen und versuchen, die Fersen abwechselnd zum Boden zu bringen.
- Nach etwa fünf Minuten wirst Du einen heftigen Drang verspüren, Dich zu entleeren, dann schnell zur Toilette: Wasser und das, was sonst noch im Darm war, entleeren sich in einem Schwall oder auch in mehreren, ein bisschen so wie bei Durchfall, nur meistens deutlich weniger unangenehm.

EASY-OUT-PHASE

Die **Easy-Out-Phase (zwei Tage)** leitest Du am besten mittags mit dem Fastenbrechen ein. Dein Verdauungsfeuer ist nach den Fastentagen schläfrig und muss sich erst langsam wieder aufheizen. Daher ist es superwichtig, das Essen nach dem Fasten langsam aufzubauen. Das ist der schwerste Teil des Fastens, sagt man. Würdest Du jetzt direkt ein Schnitzel oder eine große Mahlzeit zu Dir nehmen, bekämst Du garantiert Magenprobleme.

Ayurvedisiertes Fastenbrechen: Normalerweise wird das Fasten mit einem rohen Apfel gebrochen. Um es Deinem Körper möglichst leicht zu machen, empfehlen wir Dir dafür gedünsteten Apfel (siehe Rezept Seite 137). Iss Deine erste Mahlzeit in kleinen Bissen und kaue jeden so lange, bis ein flüssiger Brei entsteht. Erst dann schluckst Du ihn herunter. Genieße und zelebriere es. Es ist krass, wie intensiv und süß so ein Apfel schmecken kann – eine richtige Geschmacksexplosion! Es ist vollkommen normal, am Tag des Fastenbrechens nur diesen Apfel zu essen. Es kann sogar sein, dass Du gar nicht den ganzen Apfel auf einmal schaffst. Spüre genau in Dich hinein und hör auf zu essen, wenn das erste Sättigungsgefühl da ist.

Gewöhne Deinen Körper während der Easy-Out-Tage langsam wieder an feste Nahrung. Also nicht diszipliniert mit dem Apfel und zwei Tässchen Gemüsebrühe starten und dann am nächsten Tag direkt Pommes rot-weiß! Dein Stoffwechsel wäre damit komplett überfordert, und Bauchweh, Durchfall, Kopfschmerzen oder Ähnliches wären die Quittung.

Die Reihenfolge ist wichtig: Du startest mit gedünstetem Obst, dann kommt gedünstetes Gemüse hinzu, und danach erst wieder gibt es Kohlenhydrate wie Getreide, Reis oder Kartoffeln. Es folgt Fett (pflanzliche Öle, Ghee, Butter) und zum Schluss Eiweiß, beispielsweise Hülsenfrüchte oder tierische Produkte. Dabei ist es wichtig, langsam zu essen, gründlich zu kauen und beim ersten Anzeichen von Sättigung aufzuhören. Beachte außerdem die 9 goldenen Detox-Empfehlungen aus Kapitel 1 (siehe Seite 28). Dana liebt mittlerweile die Aufbautage. Betrachte sie doch als Teil des Fastens und genieße es, über längere Zeit mit sehr wenig Nahrung auszukommen.

Tierische Produkte – insbesondere Fleisch – solltest Du in der ersten Zeit nach dem Fasten idealerweise noch komplett vermeiden und erst später wieder auf Deinen Speiseplan setzen. Das Gleiche gilt für Brot, Kuchen, Fertigprodukte und alle zuckerhaltigen oder stark verarbeiteten Nahrungsmittel. Vielleicht schaffst Du es ja auch noch eine Weile, weniger davon zu essen und so die Detox-Wirkung noch zu verstärken.

HINWEIS ZUM ABBRECHEN

Wenn Du das Fasten im Going Deep aus irgendwelchen Gründen früher als geplant beenden willst, dann gelten dafür die gleichen Steps zum Fastenbrechen wie oben beschrieben. Also mit einem Apfel beginnen und die Nahrungsmenge und -komplexität nach und nach steigern. Je kürzer die Fastenphase, desto kürzer die Aufbauphase. Und natürlich, je länger, desto länger. Ganz strenge Fastenmenschen sagen sogar, dass die Aufbauphase doppelt so lange sein sollte wie die Fastenphase. Aber wir wollen ja nicht komisch werden.

Fastenlimo

Diese „Limo“ ist inspiriert vom klassischen „Master Cleanse“. Sie macht das Nicht-Essen beim Fasten leichter und unterstützt den Reinigungsprozess durch die basische Wirkung der Zitrone, die verdauungsfördernde Wirkung des Cayennepfeffers und die entzündungshemmende Wirkung des Ahornsirups.

FÜR 1 PORTION

2 TL frisch gepresster Zitronensaft
2 TL Ahornsirup
1 Msp. Cayennepfeffer

ZUBEREITUNG

1. 300 ml Wasser kochen. Mit dem Zitronensaft und dem Ahornsirup mischen.
2. Den Cayennepfeffer hinzufügen und alles gut durchrühren. Die Limo gleich trinken.

Reduziere Zitronensaft und Cayennepfeffer. Du kannst den Zitronensaft auch durch Limettensaft ersetzen und den Cayennepfeffer durch Ingwer.

Nimm Honig statt Ahornsirup. Füge ihn aber erst hinzu, wenn das Wasser auf 40 Grad abgekühlt ist. Sonst werden die guten Inhaltsstoffe zerstört.

Gedünsteter Apfel
ZUM FASTENBRECHEN

Nach dem Fasten ist es wichtig, den Stoffwechsel wieder von innerer Verdauung auf äußere Verdauung umzustellen und anzukurbeln. Dafür sind Äpfel und die Gewürze ideal.

FÜR 1 PORTION

1 Nelke
¼ TL Zimt
1 Apfel (gewaschen, entkernt und klein geschnitten)

ZUBEREITUNG

1. In einem Topf ½ Tasse Wasser mit den Gewürzen aufkochen. Anschließend die Apfelstücke dazugeben und bei schwacher Hitze etwa 5 Minuten köcheln, bis sie weich sind.

2. Das Wasser abgießen und die gedünsteten Apfelstücke vor dem Essen etwas abkühlen lassen.

Falls Du ein sehr starkes Bedürfnis nach Frische und etwas zum Kauen hast und rohes Obst generell gut verträgst, kannst Du den Apfel auch roh essen.

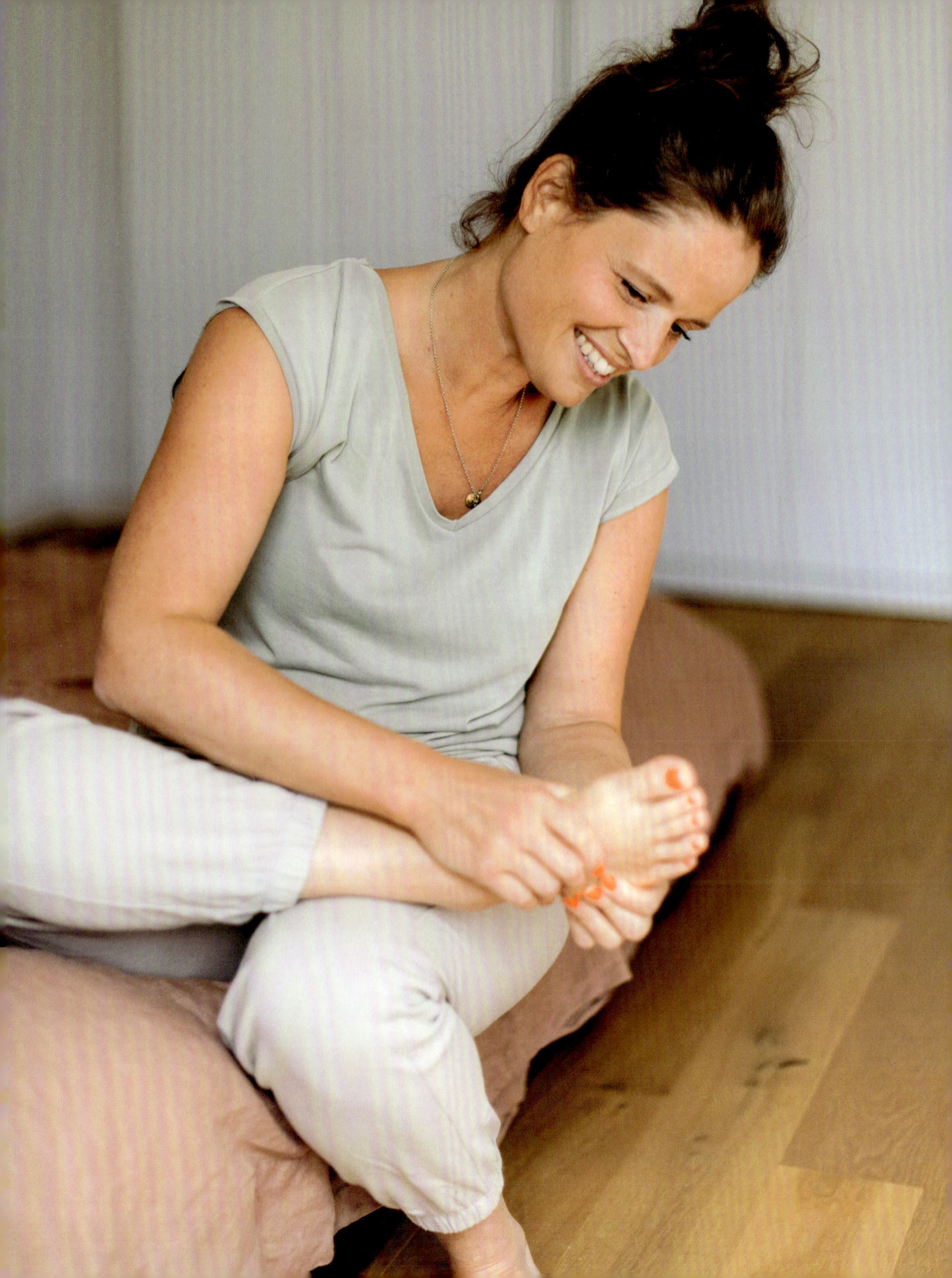

DETOX-EXTRAS FÜR KÖRPER UND KOPF

In diesem Kapitel findest Du noch einige Detox-Routinen, die wir zusätzlich zur Ernährungsumstellung und Entlastung Deines Stoffwechsels empfehlen. Sie dienen ebenfalls der Entgiftung, und zwar auf körperlicher und mentaler Ebene.

ERGÄNZENDE
Detox-Routinen

Ein Detox ist eine super Möglichkeit, sich über die Entgiftung des Körpers hinaus noch mehr Gutes zu tun und noch weitere reinigende Maßnahmen zu ergreifen. Und es ist die ideale Zeit für ausgiebige Selbstliebe und Seelenpflege, zwei Dinge, die im Alltag bei den meisten von uns doch zu kurz kommen.

Da wir Dir den Einstieg in den Detox so leicht wie möglich machen wollen, ohne Dich zu überfordern, sind all diese Ideen optional. Wenn es Dir zu viel ist oder gerade nicht in Deinen (Detox-)Alltag passt, dann lass sie weg. Davon geht Dein Detox nicht den Bach runter. Falls Du Zeit, Lust und Raum hast, such Dir ein paar Dinge aus (auf keinen Fall alle!) und probiere sie aus.

EXTRA-MUNDPFLEGE AUF AYURVEDISCH

Der Mundraum zählt im Ayurveda zum obersten Teil unseres Verdauungssystems. Nachts, wenn wir nicht regelmäßig schlucken oder trinken, sammeln sich hier Schlacken aus den unteren Ebenen des Verdauungstraktes an. Diese sorgen für Beläge auf Zunge, Zähnen und Schleimhäuten und sind mit für Mundgeruch verantwortlich. Ayurveda empfiehlt daher besonders beim Detoxen das Ölziehen und Zungeschaben als perfekte Ergänzung zum morgendlichen Zähneputzen.

ZUNGESCHABEN

Auch über die Zunge entgiften wir laut Ayurveda. Deshalb empfiehlt Ayurveda morgens vor dem Zähneputzen (und noch vor dem Ölziehen), diesen Belag von der Zunge zu schaben – klassischerweise mit einem Zungenschaber. Der sieht aus wie eine Metallschlaufe, wie Du auf dem Foto unten siehst. Falls Du keinen Zungenschaber hast, kannst Du alternativ einen umgedrehten Löffel verwenden. Das ist zwar nicht ganz so komfortabel und effektiv, aber besser als gar nichts.

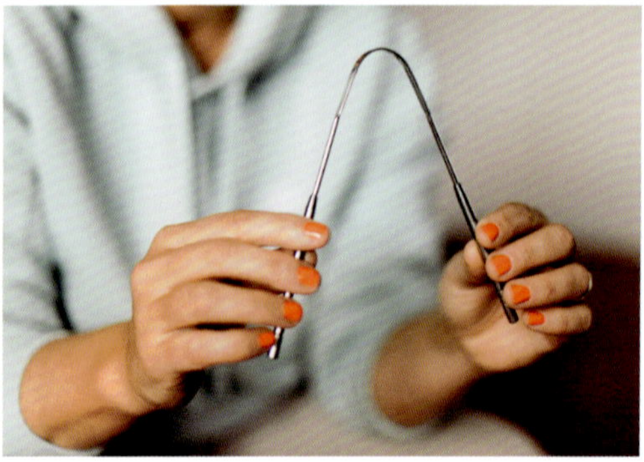

So gehts: Setze den Zungenschaber möglichst weit hinten auf der Zunge an (Achtung, nicht zu weit hinten, sonst gibt es einen Würgereiz) und ziehe ihn nach vorne ab, fünf- bis siebenmal, bis der Belag weg ist. Zwischendurch und danach kannst Du den Schaber immer wieder mit Wasser abspülen. Spüle Deinen Mund anschließend mehrmals gründlich aus.

ÖLZIEHEN

Ölziehen ist eine weitere einfache Praxis aus dem Ayurveda und der Naturheilkunde, die ebenfalls entgiftet, Entzündungen im Mund vorbeugt sowie das Zahnfleisch und die natürliche Mundflora regeneriert. Die Giftstoffe im Mund werden „herausgezogen" und durch das Öl gebunden. Gleichzeitig hilft es dabei, Schleim aus dem Kopf zu entfernen, und es stärkt das Immunsystem.

So gehts: Im Ayurveda nimmt man klassischerweise für das Ölziehen Sesamöl (Du kannst aber auch Olivenöl oder Kokosöl verwenden) und macht es morgens nüchtern nach dem Aufstehen. Dana persönlich zieht gerne während des Duschens Öl, da ihr das einfach besser in den Ablauf passt, auch wenn es nicht streng ayurvedisch ist. Nimm 1 TL Öl in den Mund und ziehe es mindestens 10 Minuten zwischen den Zähnen hin und her, so ähnlich wie beim Ausspülen nach dem Zähneputzen. Wenn Du fertig bist, spucke das Öl aus. Wichtig: nicht schlucken, sonst gelangen die Giftstoffe zurück in den Körper. Am besten spuckst Du das Öl in ein Papiertuch und entsorgst es im Müll. Danach kannst Du den Mund gründlich mit Wasser ausspülen und Zähne putzen.

SELBSTMASSAGE

Ein weiteres ayurvedisches Tool, um Deinen Körper beim Detox zu unterstützen, ist die Selbstmassage. Sie ist eine Wohltat für Dein gesamtes System und kann anregend oder entspannend sein.

SELBSTMASSAGE MIT ÖL

Die Selbstmassage mit Öl ist eine alte Tradition aus dem Ayurveda, mit der wir uns und unsere Haut verwöhnen können. Beim Massieren lösen wir Stoffwechselabfallprodukte („Ama"), die durch die Haut, das Blut und die Extremitäten fließen, und regen die Zirkulation an. Die Massage wirkt gleichzeitig wie ein Schutzschild für die Haut, beruhigt das Nervensystem, lässt uns also zur Ruhe kommen, spendet Wärme und ist eine schöne Selbstliebepraxis zur Verbindung mit Deinem Körper. In unseren Kursen sprechen wir auch von „Liquid Love".

So gehts: Nimm Dir etwas Zeit und massiere Deinen gesamten Körper mit Öl ein. Lass das Öl 15 bis 20 Minuten einwirken, bevor Du duschst oder badest. Möchtest Du Deinen Körper anregen, massierst Du von unten nach oben. Möchtest Du Deinen Körper eher erden, massierst Du von oben nach unten. Generell gilt: lange Striche entlang der Extremitäten und kreisende Bewegungen um die Gelenke. Bist Du ein sensibler Verdauungstyp, dann massiere sanft und langsam mit viel Öl. Wenn Du ein träger Verdauungstyp bist, darfst Du beherzter und kräftiger massieren.

TIPP: Welches Öl ist am besten? Es eignen sich viele Öle für die Massage, Hauptsache, hochwertig und Bioqualität. Sesamöl, der ayurvedische Klassiker, wirkt wärmend und nährend, Mandel- und Jojobaöl sind besonders pflegend, und Kokosöl ist kühlend.

ANREGENDE TROCKENMASSAGE

Wenn Du kein Öl magst (das trifft oft auf den heißen Verdauungstyp zu), kannst Du auch eine Trockenmassage mit Garshan-Handschuhen oder einer Bürste machen. Sie regt den Lymphfluss und die Durchblutung des Bindegewebes an, aktiviert den Stoffwechsel und fördert den Abbau von Schlacken. Sie ist vor allem für den trägen Verdauungstyp geeignet oder wenn Du Übergewicht abgeben willst.

So gehts: Starte bei den Füßen und Unterschenkeln und streiche mit dem Handschuh oder der Bürste mit angenehmem Druck über Deine trockene Haut. Immer in Richtung Herz. Mach lange streichende Bewegungen Richtung Herz über Deine Beine und Deine Arme. Massiere anschließend Hüften, Gesäß, Bauch, Brustkorb und Schultern in kreisenden Bewegungen. **Achtung:** Während der Schwangerschaft, Menstruation oder am Abend kurz vor dem Schlafengehen ist diese Massage nicht empfehlenswert.

ENTSPANNENDE FUSSMASSAGE

Als easy Variante kannst Du auch eine Fußmassage mit Öl machen. Diese ist vor allem abends vor dem Einschlafen toll. Sie fährt das Nervensystem runter und hilft Dir dabei abzuschalten.

So gehts: Nimm etwas warmes Sesamöl. Wenn Du magst, kannst Du noch einen Tropfen entspannendes ätherisches Öl wie Lavendel dazugeben. Massiere Deine Unterschenkel streichend von oben nach unten und anschließend die Füße inklusive der Fußsohlen. Dadurch werden wichtige Energiepunkte aktiviert und die Energie nach unten geführt. Tupfe anschließend die Füße und Deine Unterschenkel mit einem Handtuch ab, um die Ölreste zu entfernen, und ziehe warme Wollsocken an.

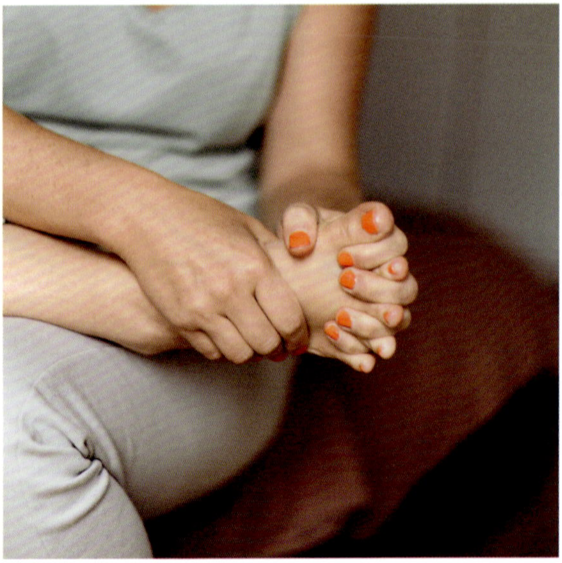

ZEIT IN DER NATUR

Wir alle brauchen Zeiten, in denen Körper, Geist und Seele zur Ruhe kommen können. Aber volle Terminkalender, Multitasking, Dauerimpulse und eine nie enden wollende Informationsflut sorgen dafür, dass uns Abschalten immer schwerer fällt. In der Natur hingegen ist es für die meisten von uns leichter. Die gute Energie und die frische Luft sind für unser ganzes System sehr heilsam.

Nimm Dir während Deiner Detox-Woche bewusst Zeit, um rauszugehen ins Grüne, Dich mit der Natur zu verbinden und zu erden. Wenn Du ganz verrückt bist, umarmst Du mal einen Baum, läufst barfuß oder legst Dich – wenn das Wetter es zulässt – auf eine Wiese und spürst das Getragenwerden und Verbundensein mit diesem wundervollen Planeten.

YOGA FÜR DEINEN DETOX

Unterstütze Deinen Körper beim Detoxen mit diesen vier sanften Übungen aus dem Yoga, die Du einzeln machen oder miteinander kombinieren kannst.

ROLLEN AUF DEM RÜCKEM

DEN KREISLAUF EASY IN SCHWUNG BRINGEN

Diese Übung bringt Deinen Kreislauf einfach und spielerisch in Schwung.

- Leg Dich auf den Rücken auf einen Teppich oder eine Yogamatte. Zieh die Knie zum Bauch und umgreife mit Deinen Händen die Knie.
- Beginne Dich über die gesamte Länge Deiner Wirbelsäule vor und zurück zu rollen.
- **Variante A:** Mach das so lange, bis Du genügend Schwung hast, um auf Deine Füße zu kommen und im Stehen nachzuspüren.
- **Variante B:** Lass die Bewegung wieder kleiner werden, bis Du zur Ruhe kommst. Komm dann ins Liegen mit den Armen neben Deinem Körper. Spüre für ein paar Atemzüge nach.

YOGA-TWISTS

DEN REINIGUNGSPROZESS IM KÖRPER UNTERSTÜTZEN

1. Einfache Drehung

Dieser supereinfache Twist (unten links) massiert die inneren Organe und unterstützt Deinen Körper beim Detoxen. Du kannst ihn auch zwischen den anderen Übungen nutzen.

- Leg Dich auf den Rücken auf einen Teppich oder eine Yogamatte. Breite die Arme T-förmig aus, stell die Füße vor Deinem Becken auf und bewege die angewinkelten Beine erst dynamisch drei- bis fünfmal von einer Seite zur anderen.
- Leg dann die Beine links ab und bleib dort für fünf Atemzüge. Dann legst Du die angewinkelten Beine über die Mitte nach rechts ab und bleibst auch dort für fünf Atemzüge.

2. Drehsitz

Der Drehsitz (unten rechts) ist DER Klassiker unter den Yoga-Detox-Übungen. Er unterstützt und stimuliert die Organe, die beim Detox auf Hochtouren arbeiten: Leber, Nieren, Blase und Darm.

- Setz Dich auf einen Teppich oder eine Yogamatte. Stell die Füße vor Deinem Becken auf.
- Streck das linke Bein aus und flexe den Fuß.
- Stell den rechten Fuß über das ausgestreckte linke Bein an die Außenseite.
- Umgreife jetzt mit dem linken Arm das aufgestellte rechte Knie. Leg die rechte Hand hinter Deinem Becken auf den Boden und drehe Dich sanft nach rechts.
- Richte Dich bei jeder Einatmung auf und drehe Dich bei jeder Ausatmung weiter nach rechts. Wiederhole das mit zehn ruhigen Atemzügen.
- Drehe Dich wieder nach vorne und wechsle Bein und Seite. Mach das Gleiche auf der anderen Seite.

1.

2.

EINFACHE VORBEUGE

ZUR RUHE KOMMEN UND AUF TIEFER EBENE REGENERIEREN

Die sitzende Vorbeuge, ist DER Yoga-Klassiker, um zur Ruhe zu kommen. Sie stimuliert die inneren Bauchorgane, insbesondere den Darm, und über die Dehnung der Körperrückseite energetisch auch Niere und Blase.

- Setz Dich auf einen Teppich, eine Yogamatte oder leicht erhöht auf eine gefaltete Decke oder ein Kissen und streck beide Beine nach vorne aus. Deine Arme hängen entspannt seitlich am Körper.
- Beug Dich mit rundem Rücken über Deine Beine nach vorne bis zu dem Punkt, wo Du den ersten Widerstand spürst. Lass Deine Arme einfach seitlich hängen oder leg sie am Boden ab.
- Halte die Vorbeuge für drei bis fünf Minuten (stell Dir am besten einen Timer), während Du Deine Aufmerksamkeit auf Deine Atmung richtest. Atme ein und zähle bis vier, atme aus und zähle bis sechs oder acht.
- Zum Lösen: Rolle Dich langsam auf und spüre mit geschlossenen Augen im Sitzen für fünf Atemzüge nach. Stell dann die Füße auf (nimm gegebenenfalls die Decke oder das Kissen unter Dir weg) und rolle Dich rückwärts über den Rücken ab, bis Du auf dem Boden liegst.
- Streck die Beine aus und lass die Arme seitlich locker liegen. Spüre für etwa eine Minute nach.

MEDITATION

Meditation ist eine tolle Methode, die Dir hilft, nach innen zu schauen, in die Stille zu kommen und Dich mehr mit Dir zu verbinden. Wenn Du bereits meditierst, baue Meditation in Deinen Detox ein. Dabei ist es egal, welche Art der Meditation Du praktizierst, Hauptsache, sie tut Dir gut. Wenn Du noch nie meditiert hast oder Anfänger bist, kannst Du mit ein bis zwei Minuten pro Tag anfangen. Eine ganz simple Art der Meditation ist, Deine Atemzüge zu zählen.

ATEM-MEDITATION

Setz Dich bequem und aufrecht hin. Entspanne Dein Gesicht und Deine Schultern. Schließe die Augen und atme ruhig ein und aus. Beobachte Deinen Atem und zähle Deine Atemzüge bis zehn. Einatmen eins, Ausatmen zwei, Einatmen drei, Ausatmen vier usw., bis Du bei zehn angekommen bist. Dann fängst Du wieder von vorne an. Wenn Du mit den Gedanken abschweifst, nicht mehr weißt, wo Du warst oder auf einmal bei 25 angekommen bist, hole Dich liebevoll wieder zurück und fange wieder bei eins an. Mach das Ganze für ein bis zwei Minuten. Schon diese Übung allein ist super.

Zugegeben, am Anfang kann Meditation herausfordernd sein. Vielleicht kennst Du den Begriff „Monkey Mind". Der beschreibt es ganz gut: Unser Kopf tendiert dazu, ungeheuer viele Gedanken zu produzieren und sich – wie ein ruheloser Affe von Baum zu Baum – von Gedanke zu Gedanke zu schwingen. Wenn wir dann in der Meditation still sitzen und unsere Aufmerksamkeit auf unseren Atem fokussieren wollen, fällt uns das erst so richtig auf. Unser Geist schweift immer wieder ab. Lass Dich davon nicht beirren, das ist normal. Der Maßstab einer guten Meditation ist nicht, währenddessen keine Gedanken zu haben. Allein die Disziplin aufzubringen, Dich hinzusetzen und zu üben, ist schon ein Durchbruch und ein Schritt in Richtung ruhigerer Geist. Das Üben – also der Weg – ist dabei das Ziel. Falls Du mit Mediation nichts am Hut hast, auch nicht schlimm. Vielleicht magst Du ja eine der Atemübungen auf den folgenden Seiten ausprobieren. Die sind auch ein super Tool und wirken meditativ.

ATEMÜBUNGEN

Unser Körper ist ein kleines Wunderwerk. Viele Vorgänge in uns laufen quasi automatisch ab, ohne dass wir willentlich etwas dazu tun müssen. Wir müssen unserem Herzen nicht sagen, dass es schlagen soll, oder auch unserem Magen nicht, dass er verdauen soll, nachdem wir ein leckeres Essen verspeist haben. Auch unserem Stoffwechsel teilen wir nicht mit, dass er die Zellen aufräumen kann, während wir schlafen.

Unser Organismus ist superintelligent und steuert die vielen Vorgänge normalerweise eigenständig und zuverlässig. Wenn wir allerdings im Stress sind, schmeißt unser Körper den „Flight-or-Fight"-Modus an, indem er die Herzrate und Atemfrequenz erhöht, den Blutfluss in den Organen reduziert, Stresshormone produziert, das Immunsystem runterfährt und die Verdauungsarbeit einstellt. Das ist sehr sinnvoll, wenn es um einen kurzen Moment oder um Ausnahmesituationen geht, zum Beispiel, um vor dem Säbelzahntiger wegzulaufen – heute eher eine denkbare Gefahr – oder einem unachtsamen Autofahrer aus dem Weg zu springen. Sind wir aber permanent oder über eine sehr lange Zeit im Stress-Modus, schadet es uns, weil der Körper in diesem Alarmzustand stecken bleibt und nicht mehr in den Entspannungs-Modus „Rest & Digest" schaltet. Den brauchen wir aber, um uns wieder zu erholen und zu regenerieren. Dann nämlich macht der geniale Körper Folgendes: Er fährt unsere Herzrate, unsere Atemfrequenz und die Produktion der Stresshormone wieder runter, erhöht den Blutfluss in den Organen wieder, stimuliert unser Immunsystem und nimmt die Verdauung wieder auf.

ATME DEN STRESS WEG

Das Problem ist: Oft würden wir ja gerne entspannen, kommen aber einfach nicht runter. Über den Kopf haben wir nur sehr begrenzt Einfluss auf die automatischen Abläufe des Körpers und finden nicht zur Ruhe, selbst wenn wir wissen, dass kein Säbelzahntiger vor unserer Haustür lauert. Aber es gibt eine immer verfügbare „Geheimwaffe", um uns zu entspannen: unser Atem. Normalerweise atmen wir automatisch (unbewusst), aber wir können unseren Atem auch willentlich beeinflussen, schneller oder langsamer, tiefer oder flacher atmen. Der Atem ist wie eine Brücke zwischen den bewussten und unbewussten Prozessen in unserem Körper. Atmen wir langsamer, tiefer oder in den Bauch, signalisieren wir unserem System, dass wir in Sicherheit sind, und es entspannt sich. Atemübungen sind daher eine perfekte Methode, um uns zu beruhigen und schnell wieder ins Gleichgewicht zu kommen. Wir haben hier drei kurze Atemübungen aus dem Yoga für Dich zum Ausprobieren. Nimm Dir ein paar Minuten Zeit und schau, wie es Dir danach geht!

TIEFE BAUCHATMUNG

WOHLTUEND, ENTSPANNEND UND REGENERIEREND

- Atme tief und ganz bewusst erst in den Bauchraum, dann weiter in den Brustkorb. Fülle Deinen kompletten Brustkorb mit Luft bis zu den Schlüsselbeinen. Atme dann in umgekehrter Reihenfolge wieder aus. Mach das ein paar Minuten.

BIENENATMUNG

STRESSLÖSEND UND BERUHIGEND

Bei dieser Atemübung summst Du wie eine Biene, während Du Dir die Ohren zuhältst. Klingt ulkig und fühlt sich beim ersten Mal eventuell etwas seltsam an, aber ein paar Minuten Gesumme holen Dich direkt in eine andere Stimmung, auch wenn Du mal wütend oder frustriert bist.

- Setz Dich bequem und aufrecht hin. Schließ Deine Augen und entspann Deine Gesichtsmuskeln. Verschließe beide Ohren, indem Du mit den Zeigefingern auf die Ohrknorpel drückst.
- Atme tief durch die Nase ein.
- Atme aus und mach dabei ein summendes Geräusch wie eine Biene ... MMMHHHH. Nimm dabei Deine Mundwinkel nach oben, als würdest Du leicht lächeln – wie eine zufriedene Biene, die sich summend über eine Blüte freut.
- Atme wieder ein und wiederhole das ganze fünfmal.
- Entspann Deine Arme, bleib noch einen Moment sitzen und spüre nach.

BOXATMUNG

AUSGLEICHEND UND ENTSPANNEND

Diese wunderbare Atemübung stoppt das Gedankenkarussell im Kopf und bringt Dich energetisch zurück in Deine Balance.

- Setze Dich bequem und aufrecht hin. Schließe Deine Augen und entspann Deinen Kiefer und Deine Schultern.
- Atme ein und zähle dabei bis vier. Halte Deinen Atem und zähle bis vier.
- Atme aus und zähle dabei bis vier. Zähle nach dem Ausatmen noch einmal bis vier, bevor Du wieder einatmest.
- Nun hast Du eine Runde box-geatmet. Mach das ein paar Mal für drei bis fünf Minuten. Bleib danach noch einige Zeit sitzen und spüre nach.

Detoxe den Kopf, NICHT NUR DEN KÖRPER

Die Zeit Deines körperlichen Detox eignet sich oft auch gut dafür, auf anderen, physischen und mentalen Ebenen zu entrümpeln und Dinge loszulassen. Nutze Deine Detox-Woche am besten auch, um ganz bewusst eine Auszeit vom alltäglichen Hamsterrad mit Stress, Druck und Überforderung zu nehmen.

Je mehr Dinge wir uns im Alltag aufhalsen, desto weniger Zeit haben wir für uns selbst. Oft nutzen wir das „Busy-Sein" auch, um uns nicht mit uns selbst auseinandersetzen zu müssen. Wenn wir dann beim Detox mehr Zeit haben, kommen von ganz alleine zur Seite geschobene Gedanken und Gefühle stärker zum Vorschein. Wie Du schon aus Kapitel 1 (siehe Seite 15) weißt, hängen Dein Körper und Dein mental-emotionales System zusammen. Räumst Du also auf der einen Ebene auf, wirkt sich das auch auf die andere Ebene aus. Das können wir nutzen. Deshalb haben wir hier für Dich ein paar Anregungen zusammengestellt, um über den Körper hinaus zu detoxen. Lass Dich davon inspirieren und spür in Dich hinein, ob und was Du davon gerne machen würdest. Wichtig: Alles kann, nichts muss. Es ist also auch völlig in Ordnung, wenn Du nichts davon machen willst und beschließt, Dich erst mal auf die körperliche Ebene zu fokussieren. Gestalte Deinen Detox nach Deinen Bedürfnissen!

SO WIRST DU MENTALES „AMA" LOS

MISTE MAL RICHTIG AUS

Wenn unser Körper Ballast abwirft, bekommen wir oft Lust, auch unser Umfeld auszumisten. Das macht viel Sinn. Nach Feng Shui ist unser Wohnumfeld ein Spiegelbild unserer Innenwelt. Misten wir also auf innerer Ebene aus, haben wir oft den Impuls, auch im Außen nachzuziehen. Es ist also die perfekte Zeit, um auch unsere Umgebung zu entrümpeln. Das kann Dein Zuhause, Dein Auto, Dein Kleiderschrank oder auch nur eine Schublade sein. Die Idee, von der Du Dich dabei leiten lassen kannst, ist, Dein Umfeld und die Dinge, mit denen Du Dich umgibst, so anzupassen, dass sie die Person zum Ausdruck bringen, die Du werden willst.

DIGITAL DETOX

Dauerberieselung und die vielen schnellen Impulse der digitalen Welt machen unser Nervensystem nervös und lassen Entspannung schwer zu, auch wenn wir es selbst oft nicht mehr merken. Gönn Dir in Deiner Detox-Woche doch mal eine digitale Auszeit, zum Beispiel von Social Media, Netflix und Fernsehen. Oder reduziere generell Deine Bildschirmzeit. Du kannst Dir das für einzelne Tage vornehmen, zum Beispiel am Wochenende, oder bestimmte Zeitfenster festlegen, beispielsweise abends nach 20:00 Uhr bis morgens um 9:00 Uhr.

TERMIN- UND VERPFLICHTUNGS-DETOX

Die Detox-Woche ist die ideale Zeit, um Deine Verpflichtungen radikal zu reduzieren. Verschiebe nicht dringliche und unwichtige Aufgaben auf danach, bitte Deinen Partner oder Deine Kollegen, ein paar Dinge für Dich zu übernehmen, besorg einen Babysitter für die Kids oder vereinbare einfach insgesamt weniger Termine. Vielleicht nimmst Du Dir sogar ein paar Tage frei. Schaff Dir so Raum, um mehr mit Dir und im Moment zu sein und dem zu folgen und das zu tun, worauf Du spontan Lust hast und was Du gerade brauchst. Nimm Dir ganz bewusst „frei". – Manchmal sind unsere Terminkalender so voll und unsere To-do-Listen so lang, dass wir gar nicht mehr wissen, wie das überhaupt geht.

SETZ DEINE BELASTUNGSGRENZEN NEU

Während eines Detox bist Du sensibler als im Alltag und nimmst Dich und Deine Gefühle mehr wahr. Das macht diese Zeit besonders wertvoll, um zu üben, die eigenen Bedürfnisse und Grenzen zu spüren und für sie einzustehen. So oft gehen wir selbst über unsere Grenzen und brennen aus. Prüfe genau, was Du gerade brauchst, was Du wirklich tun willst und was nicht, und setze dann gesunde Grenzen.

Vielleicht denkst Du jetzt, Deine Bedürfnisse zu priorisieren, Grenzen zu setzen, wann und wofür Du in dieser Woche zur Verfügung stehst, und auch mal Nein zu sagen, ist ganz schön egoistisch? Das mag auf den ersten Blick so wirken, allerdings ist es letzten Endes genau umgekehrt: Je besser wir für uns selbst sorgen und unsere Batterien aufladen, desto mehr können wir auch für andere da sein. In unseren Kursen sagen wir oft „Aus einer leeren Tasse kann man nichts ausgießen", was im übertragenen Sinn heißt: Wenn wir selbst erschöpft sind und auf dem Zahnfleisch gehen, können wir nur sehr eingeschränkt für andere da sein. Oder ganz im Gegenteil. Wir haben einen kurzen Geduldsfaden und lassen unsere Überforderung an unseren Mitmenschen aus. Deine Detox-Woche ist eine besondere Zeit, in der es endlich mal um Dich geht. Danach hast Du umso mehr Energie, um wieder für andere da zu sein und Deine vielfältigen Verpflichtungen wahrzunehmen.

LASS DEINE EMOTIONEN RAUS

Beim Detox können überraschend Gefühle hochkommen. Das ist ganz normal, denn wir werden durchlässiger und unser mental-emotionales System entgiftet ebenfalls. Wenn also verstärkt unangenehme Emotionen wie Trauer, Wut, Neid oder Ärger an die Oberfläche brodeln, verdräng sie nicht, sondern nimm sie wahr und lass sie zu. Nur wenn wir sie zulassen, können wir sie anschließend loslassen. Damit ist natürlich nicht gemeint, dass Du sie an Deinem Partner oder an Deinen Kindern auslassen oder einen Streit mit Deiner Mutter anzetteln sollst, um ihr endlich all das vorzuwerfen, was Du ihr schon immer mal sagen wolltest.

Lass Deine Gefühle verantwortungsvoll und in einem geschützten Raum raus, wo Dich niemand stört. Oder warne Deine Mitmenschen vor, wenn ein Gefühlsausbruch droht. Weine, schimpfe, schreie oder tobe. Das ist ungeheuer befreiend und heilsam, denn so bringst Du die Gefühle raus aus Deinem System. Emotionen sind übertragen gesehen „Energy in Motion" (also in Bewegung). Wenn sie bewegt werden, können sie sich auflösen. Wenn sie feststecken oder verdrängt werden, bleiben sie in unserem System, können uns weiter belasten und auf Dauer krank machen.

BEFREIE DICH VON NEGATIVEN GEDANKEN

Während eines Detox sind wir empfindsamer, und unsere Gedanken und Bewertungen werden uns bewusster. Eine gute Gelegenheit, uns auf die Schliche zu kommen. Im Schnitt denken wir sechzig- bis siebzigtausend Gedanken pro Tag. 90 Prozent davon sind dieselben oder ähnliche wie die Tage zuvor – basierend auf unseren Prägungen und Erfahrungen (zumindest, wenn wir bereits 35 oder älter sind). Wahnsinn, oder? Der erste Schritt, um andere Gedanken zu denken, ist, uns überhaupt bewusst zu werden, was wir so den lieben langen Tag denken. Nutze die Detox-Zeit, um Dir insbesondere Deine negativen Bewertungen und Gedanken über andere Menschen, Ereignisse oder Erfahrungen bewusst zu machen und ihnen weniger oder keinen Ausdruck nach außen zu verleihen. Oder bringe sie beim Journaling aufs Papier und damit raus aus Deinem System.

Schreib Dich einfach frei

JOURNALING UND FREE FLOW WRITING

Journaling, das moderne Tagebuchschreiben, ist eine tolle Möglichkeit, um innezuhalten und zu reflektieren, wie es Dir geht – Deine Gedanken, Gefühle, Ideen und Wünsche raus aus dem Kopf und aufs Papier zu bringen. Free Flow Writing – den Gedankenstrom einfach unzensiert über einige Minuten aufs Papier fließen lassen – kommt aus dem kreativen Bereich und wird dort oft angewendet, um Schreibblockaden zu überwinden. Und es ist ein inspirierender und einfacher Weg, um auch Blockaden im Kopf loszuwerden. Es gibt kein Richtig oder Falsch, und es muss auch kein Meisterwerk auf den Seiten entstehen. Lass Deinen Gedanken und Deiner Kreativität einfach freien Lauf und den Stift schreiben, ohne zu filtern oder zu ordnen.

NACH DEM DETOX – DRANBLEIBEN

Herzlichen Glückwunsch! Du hast es bis hierhin geschafft. Nun ist es an der Zeit, die Detox-Woche Revue passieren zu lassen, vielleicht noch mal nachzulesen, was Deine Ziele waren, wie Du Dein Warum formuliert hast. Und dann kommt der Blick nach vorne: Wie geht es weiter, was nimmst Du in den Alltag mit?

Dein neuer Alltag
NACH DEM DETOX

Egal ob Du Deinen Detox bereits umgesetzt oder erst mal die Infos in diesem Buch aufgesogen und Dir Gedanken über einen Detox gemacht hast. Du hast in jedem Fall viel über Detox in der Theorie oder auch in der Praxis gelernt: Wie Dein Stoffwechsel Deine Wohlbefinden bestimmt. Wie Du Dich leichter ernährst als im Alltag. Das Detox-Einmaleins. Und wie Du körperlichen und mentalen Ballast loslässt.

Wie war Dein „Detox-Weg" bisher für Dich? Vielleicht hast Du Dich vor allem mit der Planung befasst und Anregungen gesammelt – so, wie man vor dem Urlaub in den Reiseführern schmökert? Vielleicht hast Du aber auch schon einiges umgesetzt. Oder Du bist noch mittendrin im Detoxen und fragst Dich jetzt, wie es danach weitergeht? Vielleicht bist Du im Easy Out, merkst, wie gut Dir der Detox getan hat, und bist voll motiviert, einiges im Alltag beizubehalten und Deine Ernährungsgewohnheiten ordentlich umzukrempeln. Wie fühlst Du Dich gerade? Was hat Dich inspiriert?

WIE BLEIBE ICH NACH DEM DETOX DRAN?

Ein Detox ist wie ein kleiner Reset für unser ganzes System. Wir kommen zurück in unser natürliches Gleichgewicht, quasi auf „Werkeinstellung" Und das kann ein super Startpunkt sein, um ein paar Dinge in unserer Ernährung und manche Gewohnheiten dauerhaft umzustellen. Im Detox fällt uns auf, wie viel besser es uns geht und was wir gerne anders hätten. Wir denken: „Das hat so gut geklappt, ich mache einfach – leicht variiert – im Alltag so weiter." Die Absicht ist super, allerdings zum Scheitern verurteilt. Detox ist eine Ausnahmesituation, in der wir mit Motivation, Disziplin und Willenskraft auf Dinge verzichten oder unsere Ernährung extrem umstellen, um groß reinezumachen. Wir halten durch, weil unser System weiß: Ist ja nur für kurze Zeit so!

Wenn wir allerdings nachhaltig unsere Gewohnheiten im Alltag ändern und/oder neue integrieren wollen, ist das eine komplett andere Absicht, die eine ganz andere Herangehensweise braucht. Hierfür braucht es Zeit, Geduld und kleine Schritte. Im Gegensatz zu den radikalen Veränderungen für kurze Zeit erfordert die grundsätzliche Veränderung von Gewohnheiten eine Weiterentwicklung unserer Identität. Also der inneren Überzeugungen und Glaubenssätze über uns und das Leben, die mit diesen Gewohnheiten verknüpft sind. Alles auf einmal dauerhaft umzustellen funktioniert nicht. Vermutlich hast Du so etwas schon mal versucht (keinen Zucker, keinen Kaffee oder kein Fleisch mehr), und bist spätestens im ersten Urlaub, bei Krankheit oder in der ersten Ausnahmesituation wieder da gelandet, wo Du angefangen hast. Und wahrscheinlich hast Du Dich selbst dafür dann auch noch verurteilt. „Wie undiszipliniert von mir. Andere schaffen das doch auch!"

BLOSS NICHT KOMISCH WERDEN

Das beste Ernährungskonzept bleibt wirkungslos, wenn Du es nicht dauerhaft umsetzt. Und dauerhafte Umsetzung funktioniert nicht, wenn das Konzept zu streng, dogmatisch, alltagsfern und vor allem im Hauruck-Verfahren angewendet wird. Gewohnheiten nachhaltig zu verändern braucht neben Zeit und Geduld auch eine große Portion Selbstliebe. Vor allem dann, wenn die neuen Gewohnheiten wirklich zu uns gehören und so selbstverständlich werden sollen wie Zähneputzen. Es wird oft gesagt, dass wir 30 Tage – einige sagen auch 60 oder 90 Tage – brauchen, um eine Gewohnheit wirklich zu verändern. Ja, dann hast Du sie verinnerlicht. Aber wirklich integriert als Teil Deiner Identität hast Du sie erst nach sechs bis zwölf Monaten. „Ich bin jemand, der früh aufsteht, seinen Tag mit Wasser beginnt oder seine Hauptmahlzeit mittags isst" sagst Du erst, wenn auch Urlaub, Krankheit oder eine Hochzeitseinladung Dir keinen Stress mehr bereiten und Dich in alte Gewohnheiten zurückfallen lassen. Wenn Du fröhlich auch mal Ausnahmen machst und sie genießt, weil Du keinen Zweifel daran hast, dass morgen wieder alles „normal" ist. Dein „New Normal".

Damit wollen wir aber nicht sagen: Kehre direkt zurück zu Deinen alten Gewohnheiten. Damit wollen wir sagen: Wähle ein bis zwei Kleinigkeiten aus der Liste auf Seite 158 aus, die Du beibehalten willst, und konzentriere Dich nur darauf. Beim nächsten Detox gehören die dann schon zu Dir, zu Deinem neuen Ich, und Du kannst weitere Veränderungen dazunehmen.

BASICS FÜR DEN NEUSTART

Hier findest Du ein paar der wichtigsten ayurvedischen Tagesroutinen, die für alle Verdauungstypen gelten. Sie unterstützen Dein Verdauungsfeuer und fördern den natürlichen Detox-Modus des Körpers und bringen so Deinen Stoffwechsel immer mehr ins Gleichgewicht. Wähle ein oder zwei davon aus, die Du nach Deinem Detox dauerhaft in Deinen Alltag integrieren möchtest.

- **Starte Deinen Tag mit heißem Wasser.**
  Kurbel Deinen Stoffwechsel morgens mit ein bis zwei Gläsern heißem oder warmem Wasser an.

- **Iss ein leichtes, warmes Frühstück.**
  Iss regelmäßig (muss ja nicht immer sein!) zum Beispiel einen leckeren Porridge mit gedünstetem Obst, um Dein Verdauungsfeuer anzuzünden, sodass es zur Mittagszeit ordentlich lodert.

- **Iss Deine Hauptmahlzeit mittags.**
  Denn mittags kannst Du auch Dinge verarbeiten, die mehr Verdauungskraft erfordern, beispielsweise Fett, Eiweiß und Rohes.

- **Iss früh und leicht zu Abend.**
  Abends ist Dein Verdauungsfeuer nicht mehr so stark. Iss nur eine Kleinigkeit. Super sind Suppen, gedünstetes Gemüse oder gekochte Salate.

- **Vermeide es zu snacken.**
  Mach drei bis fünf Stunden Pause zwischen den Mahlzeiten. Wenn Du oft zwischendurch isst, bringst Du Deinen Stoffwechsel und Dein Verdauungsfeuer durcheinander.

- **Iss weniger stark verarbeitete Lebensmittel.**
  Alle Lebensmittel, bei denen Du nicht jede Zutat erkennen kannst, ohne dafür auf der Verpackung nachzulesen, kann auch Dein Körper schlechter erkennen.

- **Geh früh schlafen.**
  Zwischen 22 und 2 Uhr nachts ist unsere innere Putzfrau aktiv und reinigt unsere Zellen – aber nur, wenn Du schläfst und Deine letzte Mahlzeit bereits verdaut ist.

- **Bau eine Fastenphase über Nacht ein.**
  Lass 12 bis 13 Stunden Pause zwischen Deiner letzten und ersten Mahlzeit, so entlastest Du Deinen Stoffwechsel und aktivierst den Detox-Modus in der Nacht.

Und hier noch ein paar unserer Lieblingstools zum dauerhaften Verändern von Gewohnheiten, damit sie Dir in Fleisch und Blut übergehen:

- Plane nur eine Veränderung, maximal zwei, zur gleichen Zeit.
- Mach es Dir leicht und wähle kleine Schritte (Kaizen).
- 4 von 7, das heißt, lebe Deine neue Gewohnheit an 4 von 7 Tagen in der Woche.
- Sei stolz auf Dich – feiere Deine Fortschritte, seien sie auch noch so klein.

Viel Spaß beim Ausprobieren und Dranbleiben!

Deine Dana & Stephie

PS: Wenn Du Dir Unterstützung für die Umsetzung bei Deinem Detox oder dem dauerhaften Verändern Deiner Ernährungs-Routinen auf Basis von alltagstauglichem Ayurveda wünschst, melde Dich bei uns! In unseren Online-Coaching-Programmen zeigen wir Dir das ganz ausführlich. Dort lernst Du mehr über Deine Konstitution und die Grundlagen der ayurvedischen Gewohnheiten gepaart mit modernen Gewohnheitstrainingstools, Coaching und einer Prise Spiritualität. Alle Infos dazu findest Du auf **www.ichgold.de.**

REZEPTREGISTER

ANWENDUNGEN

STICHWORTREGISTER

Über die Autorinnen

DANA SCHWANDT

Dana Schwandt steht für modernes Ayurveda, Echtheit und alltägliche Spiritualität. Nach ihrem letzten Spiegelbestseller „Made for More" ist dies, wie die ersten beiden Titel, wieder ein Ayurveda-Buch. Mit ihrem Unternehmen „Ichgold", dem Podcast „Da ist Gold drin" und diversen Online-Kursen erreicht sie Millionen von Menschen, die sie herausfordert, sich, ihren Körper und ihr Leben in die Hand zu nehmen. Dana lebt mit ihrer Familie vor den Toren Hamburgs und verändert die Welt mit Blick in den Vorgarten.

STEPHANIE SCHNICKE

Stephanie Schnicke ist Ayurveda-Lifestyle- und Mindset-Coach und entdeckte ihre Liebe zum Ayurveda über eine Detoxkur. Als Expertin für alltagstaugliches Ayurveda und persönliche Weiterentwicklung unterstützt die ehemalige Managerin Menschen dabei, in ihre Mitte zu finden und sich ein Leben zu erschaffen, das sie lieben. Seit 2017 arbeitet sie mit Dana zusammen, zuletzt als Trainerin und Leiterin des Ayurvedabereichs bei „Ichgold". Daneben findest Du sie auf Instagram unter @hashtag_stephanie_schnicke.

ANETTE DREWS

Die Rezepte stammen aus dem Kochlöffel von Anette. Als Ayurveda-Köchin und Ayurveda-Lifestyle-Coach arbeitet sie seit 2017 bei Dana im Team mit und begleitet die Ayurveda-Kurse als Ernährungs-Expertin. Anette gibt Live-Cooking-Sessions und beantwortet alle Fragen rund um das Kochen, Nahrungsmittel und Ernährung. Außerdem bietet sie Kochkurse in und um Hamburg an. Du findest Anette auf Instagram unter @ingwer_und_zimt und bei uns auf der Homepage. Sie lebt mit ihrem Mann und zwei Kindern in Hamburg.

Detox ist toll, aber Du willst auch im Alltag etwas ändern?
Ichgold
KOSTENLOSER STOFFWECHSELKURS
Für dauerhaft weniger Kilos, besseren Schlaf und gesündere Ernährung
IN DIESEM KURS LERNST DU...
... Deine Ernährung alltagstauglich umzustellen, ohne Dir alles Leckere zu verkneifen
... Deinen Stoffwechsel auch langfristig ins Gleichgewicht zu bringen
... Dein Immunsystem zu stärken, besser zu schlafen und abzunehmen ohne Verzicht
Kurze, aufeinander aufbauende Videos mit dem Tipp des Tages zur sofortigen Umsetzung.
Ich zeige Dir, was Du tun musst und wie es einfacher geht, als Du bisher dachtest.
HIER KOSTENLOS ANMELDEN UND SOFORT STARTEN:
www.ichgold.de/easy-stoffwechselkurs

ZU DER AUTORIN

Dana Schwandt ist mehrfache Spiegel-Bestsellerautorin, Lifecoach und Speakerin. Mit ihrem Unternehmen Ichgold, dem Podcast „Da ist Gold drin“ mit bald 2 Mio. Downloads und diversen Onlinekursen zeigt sie Millionen von Menschen authentisch und alltagsnah, wie man lernt, mutig und sein bestes Leben zu leben, inklusive erfüllenden Beziehungen und einem gesunden Körper.

Weitere Bücher der Autorin bei ZS:

→ Easy Ayurveda – Das Kochbuch

BILDNACHWEIS

Alle Food-Fotos von Annette Sandner; alle People-Fotos von Grit Siwonia; Coverfoto von Farina Deutschmann; Illustrationen und Beton-Untergrund von Adobe Stock

FOOD FOTOS

Im Buch enthaltene Fotos können zur eigenen Nutzung erworben werden unter ***www.stockfood.de***

IMPRESSUM

Hinter jedem tollen Buch steckt ein starkes Team

Projektleitung: *Sonja Forster*
Texte: *Dana Schwandt, Stephanie Schnicke*
Rezeptentwicklung: *Dana Schwandt, Anette Drews*
Lektorat: *Katharina Lisson*
Korrektorat: *Andrea Lazarovici*
Covergestaltung: *Claudia Wolff*
Coverfoto: *Farina Deutschmann*
Grafisches Konzept, Satz und Gestaltung: *Claudia Wolff*
Foodfotografie: *Annette Sandner*
Foodstyling: *Franziska Trebuth*
Peoplefotografie: *Grit Siwonia*
Herstellung: *Frank Jansen*
Producing: *Jan Russok*
Druck & Bindung: *optimal media GmbH, Röbel*

1. Auflage 2022

Kaiserstraße 14 b
D-80801 München
ISBN: 978-3-96584-209-0

HINWEIS

Die Ratschläge in diesem Buch wurden mit größter Sorgfalt von den Autorinnen und vom Verlag erarbeitet und geprüft. Eine Garantie kann jedoch nicht übernommen werden. Ebenso ist eine Haftung der Autorinnen bzw. des Verlags und seiner Beauftragten für Personen-, Sach- oder Vermögensschäden ausgeschlossen. Erkrankungen mit ernstem Hintergrund gehören in ärztliche Behandlung! Bei bereits bestehenden Beschwerden kann das Buch daher keinen fachärztlichen Rat ersetzen.

LIEBE LESER*INNEN

wie schön, dass Sie ein Buch von ZS in den Händen halten. „jetzt leben!“ ist das Motto unseres Verlages. Es steht für Genuss und Inspiration, Unterstützung und Motivation. Ob Kulinarik oder Fitness, Gesundheit oder Lebenshilfe – seit über 30 Jahren bieten wir kompetente Ratgeber für (fast) alle Lebenslagen. Wir lieben Tradition genauso wie Innovation – sie treiben uns an. Unsere Autor*innen sind Menschen, die zu ihrem Thema wirklich etwas zu sagen und zu schreiben haben. Unsere Produkte sind erzählerisch, appetitmachend und als gedruckte Bücher haptisch echte Erlebnisse. Für Sie mit ganz viel Liebe gemacht! Entdecken Sie mehr aus unserer wunderbaren Welt!

UNSER VERLAGSHAUS

Mit Standorten in München, Hamburg und Berlin zählt die Edel Verlagsgruppe zu den größten unabhängigen Buchanbietern Deutschlands. Zur Edel Verlagsgruppe gehört unter anderem ZS mit seinen Lizenzmarken Dr. Oetker Verlag, Kochen & Genießen und Phaidon by ZS.

ZS - Ein Verlag der Edel Verlagsgruppe
www.zsverlag.de
www.facebook.com/zsverlag
www.instagram.com/zsverlag

FÜR DIE UMWELT

ZS unterstützt bei der Produktion dieses Buches das Projekt „Junge Riesen für die nächsten 100 Jahre“ im Naturpark Nossentiner/Schwinzer Heide. Damit wird ein Anteil der unvermeidbaren CO_2-Emissionen im direkten Umfeld des Produktionsstandortes kompensiert.

PARTNER
Naturpark
Nossentiner / Schwinzer Heide
www.optimal-media.com/naturschutzprojekt-001

NEWSLETTER

Ab sofort Wissenswertes rund um das Thema Gesundheit und praktische Tipps zu Ernährung sowie Bewegung nicht mehr verpassen!

Melden Sie sich jetzt beim ZS Newsletter an und bleiben über neue Bücher, Themenschwerpunkte und News immer informiert.

ANMELDEN!

Jetzt anmelden unter:
www.zsverlag.de/newsletter

GEWINNEN

Unter allen Neuabonnierenden verlosen wir jeden Monat 10 neue Bücher und jährlich eine Gesundheits-Box von ZS.